中国汉字听写大会

我的趣味汉字世界 1

WO DE QUWEI HANZI SHIJIE 1

《中国汉字听写大会》栏目组 编著

接力出版社
Publishing House

我的
趣味汉字世界❶

图书在版编目（CIP）数据

我的趣味汉字世界.1/《中国汉字听写大会》栏目组编著.—南宁：接力出版社，2014.8
（中国汉字听写大会）
ISBN 978-7-5448-3535-0

Ⅰ.①我…　Ⅱ.①中…　Ⅲ.①汉字－青少年读物　Ⅳ.①H12-49

中国版本图书馆CIP数据核字(2014)第134921号

总策划：关正文　　责任编辑：李　炜　张苗苗　朱晓颖　邓文华　范晓婕
文字编辑：张　怡　马　瑄　亢　莉　刘雨婷　　美术编辑：王　雪
责任校对：王　静　张琦锋　　责任监印：陈嘉智　　媒介主理：耿　磊
社长：黄　俭　　总编辑：白　冰
出版发行：接力出版社　　社址：广西南宁市园湖南路9号　　邮编：530022
电话：010-65546561（发行部）　　传真：010-65545210（发行部）
网址：http://www.jielibj.com　　E-mail:jieli@jielibook.com
经销：新华书店　　印制：北京鑫丰华彩印有限公司
开本：710毫米×1000毫米　1/16　　印张：22.5　　字数：285千字
版次：2014年8月第1版　　印次：2014年10月第3次印刷
印数：70 001—80 000册　　定价：36.80元

中国汉字听写大会
我的趣味汉字世界
顾问团

（按姓氏音序排列）

中国社会科学院语言研究所词典编辑室副主任、研究员、博士生导师

程　荣

原国家语委副主任，教育部语言文字信息管理司司长，国家督学

傅永和

中国文字学会会长，安徽大学教授

黄德宽

中国社会科学院研究员、学部委员，中国辞书学会会长，《现代汉语词典》第6版修订主持人

江蓝生

北京师范大学文学院教授、博士生导师

康　震

北京语言大学教授

李宇明

南京师范大学教授、硕士生导师，中国古典文学与文化专业博士、汉语言文学博士后

郦　波

中国社会科学院语言研究所所长、语言学系主任、教授、博士生导师

刘丹青

北京大学中文系教授、博士生导师，曾任国际中国语言学学会会长、世界汉语教学学会会长

陆俭明

中国人民大学历史系教授、博士生导师

毛佩琦

北京大学博士，中央民族大学历史系副教授、硕士生导师

蒙　曼

中国社会科学院语言研究所历史语言学一室（古汉语研究室）副主任、研究员、博士生导师

孟蓬生

复旦大学历史系教授，师从季羡林先生和金克木先生

钱文忠

中国社会科学院语言研究所词典编辑室主任、研究员、博士生导师

谭景春

北京师范大学教授、博士生导师、汉字与中文信息处理研究所所长，《通用汉字规范字表》研制组组长，中国语言学会副会长

王　宁

中国社会科学院语言研究所副所长、研究员、博士生导师、句法语义研究室主任

张伯江

教育部语言文字应用研究所普通话和语言教研室主任

张一清

序言

让书写在古籍里的文字活起来

经过数月努力，由《中国汉字听写大会》与接力出版社联合编写的《我的趣味汉字世界》终于同读者朋友们见面了。这套书以《中国汉字听写大会》词库为基础，精选了近600个语词，从字形源流、字音、释义、经典例句直到误用，进行了全方位的、充满趣味的集成。对用于学习文字语词知识的图书来讲，这套书也是一次编撰体例上的创新。

汉字是世界上各大文字体系中唯一传承至今的表意文字，包含着丰富的文化内涵和审美意蕴，是中华民族智慧的结晶，是中华文明最灿烂的瑰宝。但汉字也是世界上最难书写的文字，独特的方块字形需要不断记忆，反复练习才能形成书写能力。提笔忘字并不是今天才有的，只是在键盘输入日益普遍的今天，因为手写机会的减少，往往更容易出现提笔忘字的现象。这是汉字听写大会最初创意所针对的社会现象。但是，随着这个节目的不断兴办，它好像自己有了生命一样，逐渐脱离了强调手写汉字能力的表层动机，逐渐转向了文字背后的语义，转向了汉语语词的宽度，转向了对我们当下母语价值观的梳理与建设。

习近平总书记说："在五千多年文明发展进程中，中华民族创造了博大精深的灿烂文化，要使中华民族最基本的文化基因与当代文化相适应、与现代社会相协调，以人们喜闻乐见、具有广泛参与性的方式推广开来，把跨越时空、超越国度、富有永恒魅力、具有当代价值的文化精神弘扬起来，把继承传统优秀文化又弘扬时代精神、立足本国又面向世界的当代中国文化创新成果传播出去。要系统梳理传统文化资源，让收藏在禁宫里的文物、陈列在广阔大地上的遗产、书写在古籍里的文字都活起来。"

让书写在古籍里的文字活起来，成了汉字听写大会的社会功能。之所以那些书写在古籍里的汉字需要复活，是因为很多本该跨越时空、呈现出永恒魅力并可以为当代人使用的有价值的文字和语词被我们遗忘了，处于被冰封着的冬眠状态。我们的母语传统经历过一次漫长的疏离，它本不该是今天这个样子。

"言之无文，行而不远"是《左传》里面的一句话，意思是文章没有文采，就不能流传很远。母语使用的这个标准对于今天的我们，似乎有些陌生了。很多年以来，我们习惯了以常用、简便为文字表达的主要价值取向。不用说文采，连语词的使用数量都在萎缩。这样下去，就会影响我们母语的品质，蕴藏在古老文化经典中的智慧和价值观就难以得到传承，我们民族的想象能力、思考能力也会受到影响。

参加《中国汉字听写大会》的孩子们，用他们超强的文字和语词掌握能力，为我们树立了母语文化传承的榜样。那些让今天的成人哭天抢地甚至深恶痛绝的所谓难词，对他们来讲经常是轻车熟路、手到擒来。相信这一代孩子长大成人后，再看那时候的《汉字听写大会》，该是不会觉得有多难的。这是我们民族的希望。真希望作为电视节目的《中国汉字听写大会》能够坚持到他们长大的那一天。

感谢接力出版社为出版这套书所做的努力。总编辑白冰先生和我是青年时代的同事和挚友，李炜先生是新近结识的忘年交。他们对传承母语文化的热情，对《中国汉字听写大会》的信任让我感动。很多国内的顶级语言学家、优秀的语文教师都对这套书做出了重要贡献。希望更多的孩子、更多的成人能够从现在开始，从阅读这套书开始，努力正确理解和使用更多的汉字、掌握更多的语词，提高自己书写汉字的能力，提升自己阅读经典的能力，并且同时能够享受认识文字、书写文字所带来的快乐。

（《中国汉字听写大会》总导演、实力文化创始人　关正文）

2014 年 7 月 4 日

百年孤独 汉字危机

国歌里，最振聋发聩的一句，莫过于“中华民族到了最危险的时候”。时至如今，很多人已经不以为然，以为今日之中国，不论财力物力、军力国力，都不复当年的窘境，甚至已经算得上世界强国，虽然我们常自谦地称自己是“发展中国家”，可沉睡的狮子已然猛醒，我们是屹立在世界东方的巨人，再也不是被人欺凌的“东亚病夫”。

可是，危机真的过去了吗？

从人类的文明史来看，对一个民族而言，有两种危机的爆发称得上是“最危险的时候”：一是遭受侵略，是谓亡国之险；一是文化衰微，是谓亡种之虞。而相较于因外族侵略引发的亡国之险，因文化衰微而引发的亡种之虞其实更为可虑，也更为可怕。

事实上，20世纪初，在因日本侵略而引发的亡国之险爆发之前，文化上的衰微，尤其是汉字，作为汉民族文化的底线与凭依，其危机已然发端。远在甲午战争战败之后，中国的知识分子就已经开始痛定思痛地自我反思与批判，到了五四运动，这种勇于自我批判的精神终于点燃了新文化运动的烽火，并最终取得了令人瞩目的成就。但在百年后的今天，我们如能客观地回头审视，就会发现，新文化运动本身同样需要反思，笔者以为其中最需要反思之处，就是新文化运动中欲求“汉字革命”而致“废灭汉字”的态度。

钱玄同写于1922年的《注音字母与现代国音》一文交代了这种态度产生的源起。文章说：“1894年，中国给日本打了一次败仗，于是国中有识之士，知道非改革政治、普及教育，不足以自存于世界。但是提到普及教育，即有一个问题发生，则汉字之难识难写是也。要解决这个问题，就非另制拼音新字不可。”

可见，当时知识分子欲求汉字革命的初衷，是认为汉字的书写认记之难影响了国民普及教育的推广。在这种想当然的线性逻辑关系中，汉字只是一种纯粹的书写工具，仿佛与五千年的华夏文明史并无什么本质的关联，所以傅斯年在1919年的《汉语改用拼音文字的初步谈》一文里便斩钉截铁地说：“文字的作用仅仅是器具，器具以外，更没有丝毫作用。”基于这样的出发点，文章于是有了更为斩钉截铁的判断——“中国人知识普及的阻碍物多的很，但是最祸害的，只有两条：第一是死人的话给活人用，第二是初民笨重的文字保持在现代生活的社会里。”

这种过犹不及、失去理性思考的认知随着救亡图存时代的来临，因变革图强之心而变得更为偏激。到了30年代，鲁迅在《关于新文字》一文里甚至把汉字比喻成结核病菌，他说：“方块汉字真是愚民政策的利器……所以，汉字也是中国劳苦大众身上的一个结核，病菌都潜伏在里面，倘不首先除去它，结果只有自己死。”因此他在《答曹聚仁先生信》里断定说：“汉字和大众，是势不两立的。”鲁迅的知己瞿秋白更是将汉字比喻成“僵尸”，甚至在《普通中国话的字眼的研究》一文中用极端情绪化的语言说：“汉字真正是世界上最龌龊最恶劣最混蛋的中世纪茅坑。”

从钱玄同、傅斯年到鲁迅、瞿秋白，还有蔡元培、胡适、赵元任等一大批那个时代杰出的知识分子，因为独特的历史背景与时代因素裹挟着种种情绪化的认知，他们所推崇的“废灭汉字”运动曾一度引发了汉字危机。当然，这其中也不乏理性的声音，闻一多早在五四运动爆发前就在《论振兴国学》一文中明确主张：“国于天地，必有与立，文字是也。文字者，文明之所寄，而国粹之所凭也。”这是强调一国之文字与一国之文化有着血脉上的本质关联，甚至是一个民族文化的凭依与根本所在。事实上，不论是钱玄同、傅斯年、鲁迅、瞿秋白，还是蔡元培、胡适、赵元任，这些仁人志士以笔为锋，以思想为战，所著所论，所倡所言，最后不还是要依赖于汉字与汉语的传达？离开了母语环境，离开了民族的汉字，他们的思想与价值又何从体现？

至于说汉字的难识难认影响了教育的普及，更是一种简单的假设与推理，事实上，如今教育普及的现状与汉字依然屹立的现实，就足以说明这种假设是一种想当然的“有罪推定”。以此将某个特殊时代民族文化思想上的落后与故步自封一股脑儿地归咎于汉字，对于汉字来说，这实在是一种天大的冤枉。况且，汉字是否就如前人所想的那么难于书写认记，还不一定。中央电视台2013年首届《中国汉字听写大会》中092号选手李响悦，年龄不过14周岁，靠着汉字音形义的联想在比赛中屡屡过关斩将，写对很多自己此前也未曾接触的字词，这充分说明汉字在书写认记上有着独特的规律与优势。无论如何，汉字正是凭借着自身的生命力，凭借着它作为“文明之所寄，国粹之所凭”的根本地位，在“废灭汉字”运动的巨大冲击中，最终屹立不倒。

新中国成立后，因为新文化运动的影响所及，汉字的危机依然存在。既然要“废灭汉字”，就要找一种文字来替代汉字，20年代赵元任提出国语罗马字，30年代瞿秋白提出拉丁化新文字，还有钱玄同主张的直接借用世界语，其本质都是想用字母文字来取代象形会意的方块汉字。新中国成立后，中国政府是世界范围内唯一一个以官方姿态支持世界语的，但矛盾的是，世界语在创立之初就有着希望超越一切国家与政府之上的初衷。事实证明，世界语在中国缺乏生活的土壤、民族的土壤与文化的土壤，不论如何支持，它也完全不可能对汉字造成实质性的威胁，所以这一阶段的所谓危机也只是形式上的。

到了20世纪80年代，随着计算机技术的高速发展，汉字危机再一次爆发。有许多学者提出，汉字不适应计算机录入技术的发展。彼时，“应当改革方块汉字为字母文字”的呼声又起。但这种观点充其量只是一种缺乏民族文化自信的表现，因为汉字即便只从成熟的甲骨文算起，也已经有了3400多年的发展历史，而计算机技术的发展不过数十年，如果要讲适应的话，也应该是计算机技术来适应汉字，而非汉字来适应计算机。果然，随着计算机技术的发展，汉字录入如今已经完全不成问题。

百年以来，汉字经受着“百年孤独”，经受了至少三次危机：一是新文化运动中的“废灭汉字”危机，一是新中国成立后的世界语冲击，一是 20 世纪八九十年代的计算机技术冲击。这三次危机分别可以定性为运动性的、政治性的与技术性的危机。对于一种语言或文字来说，其实最重要的影响要素是民族文化历史与民族生存状态，所以不论是运动性的、政治性的，还是技术性的危机，实际上都难以动摇汉字的根本。但眼下另一种危机的悄然萌生，对于汉字来说，却是百年来最大的危机。

当下，汉字正在经历百年来的第四次危机，即由汉字手笔书写向汉字键盘或语音录入的巨变所引发的母语情感的淡化，这种危机虽不引人瞩目，却是来源于最基础的生活层面，这远比运动层面、政治层面、技术层面的危机要更触及根本。媒体一般将这种危机轻描淡写地归纳为“提笔忘字”，事实上“提笔忘字”只是现象的例举式描述，远未触及问题的本质。

计算机网络所带来的信息时代的革命，使得一切文字信息的产生、传播与接受都完全可以依赖计算机网络与多媒体技术而达成，人们渐渐地不再需要“提笔写字”，于是“提笔忘字”便日渐成了一种常态。

有人可能会说，这一点各国皆同，为什么别的语言没有不适，偏偏汉字就因此面临危机了呢？

这是因为当前各国使用的语言文字中只有汉字是独一无二的象形会意文字，即语素文字。字母文字大多是表音文字，可以用少量的字母符号来记录语音，从而完成记录语言的任务，而字母符号的存在大多规律且没有太大变化，不论是键盘或语音录入还是手笔书写，并不会引发人们对这些字母符号的认知或情感上的错位。但语素文字则不一样，手笔书写所带来的繁复变化最易引发不同层次的感受，这也是唯有汉字才能形成书法艺术的关键所在。只因手笔书写便能形成一门独特的艺术，更不用说长期积淀所形成的深厚的母语情感。也就是说，有别于其他现存的语言文字，中国人对汉语产生的母语情感有很大一部分来自对汉字的书写情感与书写习惯。

从社会学的角度看，母语情感是一种最难改变的情感。一个人要改变宗教信仰，是完全可能的；但一个人要改变生长环境所赐予的母语情感，则是完全不可能的。而汉语的母语情感有别于其他语言，一个重要因素就是独特的汉字。甚至有很多学者认为，汉字才是华夏文明最重要的载体，四大远古文明中只有华夏文明没有断裂并延续至今，其根本的支撑就在于汉字，而华夏文明在发展中始终能做到多民族共存，关键所在，也是汉字。这样独一无二的汉字，这样依赖于书写获得母语情感的汉字，如今渐渐远离了笔尖与纸端，使得“提笔忘字”已成为普遍的现象，长此以往，大众的母语情感必将淡化，国民的母语素质必将弱化，这才是百年来最大的汉字危机。

文化上的危机从来不像亡国之险那样触目惊心，但历经数十年甚至数百年的积累则可能引发亡种之虞。古希腊文明、古印度文明、古巴比伦文明、古埃及文明的消亡莫不伴随着文字的衰微与消亡，前事虽远，亦足为鉴！所以，站在民族文化的立场上，呼唤并激发国民的汉字书写与母语情怀实在是一件迫在眉睫、刻不容缓的事情。尤其是在当下这个急需价值重塑的历史阶段，信仰的崩溃引发精神的迷乱，道德的被抛弃引发社会底线被屡屡突破，人们的眼前充斥着娱乐与物欲，如果再没有民族文化根本的倡导与弘扬，百年而后，国民丢失的将不仅仅是母语情感，还有对民族文化的认同，以及实现“中国梦”的希望。

让人欣慰的是，在“乱花已然迷人眼”的重重选秀与娱乐节目中，终于有一档名叫《中国汉字听写大会》的节目突围而出，并受到国人的瞩目。这无疑是一个良好的开端，一个崭新的希望，一种有力的担当。就像它的宣传语所说，这是“书写的文明传递”，这是“民族的未雨绸缪”！虽然我们不知道它会带来怎样显著的文化效果，但这种努力的方向就足以让人怦然心动。

我们不做，谁来做？现在不做，何时做？如果你对这片热土还有着深深的眷恋，请为汉字做些什么，哪怕只是从书写开始。况且，我们的母语是这样独特的汉语与汉字——

在我眼中，没有一种语言，像汉语这样优美！没有一种文字，像汉字这样纯粹！

（南京师范大学教授、硕士生导师，
中国古典文学与文化专业博士、汉语言文学博士后　郦波）

极简主义中的汉字之美

“书写的文明传递，民族的未雨绸缪”，与其说是《中国汉字听写大会》的宣传语，毋宁说更是这个近年来最受关注的文化节目的承诺与担当。

改革开放以来，中国在全球化、信息化的普世浪潮中迎风破浪、高歌猛进。电脑技术的迅猛发展和普遍应用，极大极深刻地影响了，乃至改变了中国已延续数千年之久的文化的传承和传播生态。其否泰得失，也许需要很长的时间才能认识清楚、评判得当。但是，毋庸讳言，许多令人担忧的问题已然浮现。其中，键盘代替笔墨后产生的“提笔忘字”现象愈演愈烈，引发了人们日见强烈的关注和不安。这是完全可以理解的。毕竟，中国主体文化的最重要的根基和载体非汉字莫属。

中央电视台科教频道的电视工作者也有感于此，不甘心束手无策，一直想尽一份自己团体的力量，利用电视媒体的平台和技术，办成一个或一系列“节目”，唤醒更多的人更好地掌握文字基本功，学习汉字文化。

从一开始，节目的主创人员想法就非常明确，《中国汉字听写大会》必须是一个“文化节目”，而且必须与众不同，将重点放在“文化”上，而不仅仅放在“节目”上。中央电视台科教频道总监金越无论是在生活上还是在艺术上，都堪称是极简主义的信奉者，他给《中国汉字听写大会》定的基调就是：“这不是一个秀场，呈现出来的状态可能非常单纯、简朴，但却可以吸引观众在电视机前同步参与，在游戏中学习知识、领略汉字之美。”

这个观点深受身兼作家、著名电视策划、导演、电视节目制作人的关正文先生的认同，作为《中国汉字听写大会》的形态设计研发者，他在将极简主义落实到汉字书写本身的同时，也极其关注节目的时代性、开放性乃至国际性，成功地将汉字书写与电视传播、传统关怀与现代表达结合起来。关正文先生说：“为孩子们举办汉字听写竞赛活动的想法产生于在美国有英语的全国拼字比赛，从 1925 年延续至今，一代代孩子参加，成为全民关注的带有民族性质、国家精神的活动。我们的汉字那么美，传承又那么重要，我们也应该有这样的活动。”这就充分表明，极简的《中国汉字听写大会》背后有着绝不简单的国际眼光和自觉意识。

将这一切付诸实践的正是由关正文先生创始的实力文化。这是一家从事各种类型的电视节目创意、制作的专业机构，是国内最活跃的电视节目制作团队之一，在业内以丰富的多形态电视节目的实践积累，超强的创意策划、制作执行能力，以及严谨的管理水平著称，是极少数的为中央电视台制作直播节目的公司。《中国汉字听写大会》的成功，更证明了实力文化也是目前国内首屈一指的凭借自主知识产权节目获得一流社会影响、一流收视率成果的公司化团队。

极简主义意味着将全部的精气神贯注于“汉字听写”，以“汉字听写”为主体。实际上，这就更加要求《中国汉字听写大会》动员相关的顶级资源。事实也正是如此，它的主办方是中央电视台和国家语言文字工作委员会，读词主考官由央视著名主播轮流出任，担任裁判和解说的是中国社会科学院语言研究所和教育部语言文字应用研究所的一流专家。32 支参赛代表队来自全国各地和多个民族，更是汇聚了汉字听写能力令人惊叹的初中二年级的优秀学子。

《中国汉字听写大会》在中央电视台综合频道（CCTV-1）和中央电视台科教频道（CCTV-10）播出后，受到观众广泛关注与好评，也引发了社会各界对汉字文化，特别是汉字书写的重视。在取得了良好的社会效益的同时，收视率也力压当时最红火的综艺类选秀节目，表现格外优异。

《中国汉字听写大会》证明了文化节目是有观众的，学习可以是快乐的，“寓教于乐”不是久成绝响的传说，而是可以实现的事实。谁能说，这不是中国电视文化类节目空前的成功呢？

作为两届《中国汉字听写大会》决赛阶段的嘉宾，我似乎不宜说得过多。最终的评判者当然应该是广大的电视观众。然而，我相信，绝大多数观众会认可并同意我上面的话。

感谢关心“汉字听写”的电视观众，感谢为《中国汉字听写大会》付出了大量心血和巨大努力的电视工作者和专家。毫无疑问，最需要感谢的正是那些让我们对汉字传承充满信心的可爱、可敬、可畏的孩子，以及默默地站在他们身后的老师和家长！

钱文忠

（复旦大学历史系教授，
师从季羡林先生和金克木先生　钱文忠）

目录

人物·动物·植物

具体事物

抽象事物

生物活动

社会活动

运动·变化

性质·状态

时间与空间

漢字美好

甲午端陽

毛佩琦題

bǎo biāo 保镖

释义

会技击的人佩带武器，为别人护送财物或保护人身安全。

辨析

“镖”容易写错。“镖”为形声字，从金，票声。“镖”的本义是刀鞘、剑鞘末端的铜饰物，是用金属制成的。“镖”的同音字和形近字有“膘”，后者是肉月旁，指肥肉，两字容易混淆。

起源与演变

“镖”是一种旧时的投掷暗器，一端较重有尖，形状像长枪的头，投掷出去以杀伤敌人。镖的种类很多，有飞镖、毒药镖等。在古代，随着商业发展和财物流通，出现了以专门保护行旅客商安全为业的机构，即“镖局”。古代镖局接受客商的委托，派遣武艺高强的镖师，佩带武器来护送财物或保护雇主的人身安全，这种行为称为“保镖”，也叫“走镖”。“保镖”一词，现在多用为名词，指从事保镖行业的人，也比喻起护卫作用的人或事物。

【例句】

他身怀绝技，经常为达官贵人、富商大贾做保镖。

他雇得一名八尺大汉当贴身保镖，寸步不离地保护自己的安全。

【字里字外】

同“镖”一样，以“金”为部首的汉字，大多和金属有关。如“镁”“钾”“镭”“锌”，这些都是金属元素的名称；“针”“钱”“锭”“锚”，这些都是以金属作为原料制成的器物的名称。

金属质地坚硬，联想到汉语中有一些形容人刚正的词语，也和金字旁有关。如：象声词“铮”本义是金属相击声，常用作“铮铮”，“铮铮有声”比喻为人正直名声很好，“铮铮铁骨”比喻人刚强坚贞。

“钱”的本义并不是货币，而是一种农具的名称，就是铁铲。在遥远的古代，货币还没有出现，若想获得他人的物品，就需以物易物，农具就是那时的一种交易媒介。后来，人们铸造的货币仿照了“钱”这种农具的样子，因此“钱”才成为金属货币的代称。我们经常在古代作品中看到几铢钱这样的说法，其中铢就是一种古代的重量单位，六铢为一锱，四锱为一两，可见重量之微小。有一个成语叫作“锱铢必较”，就是形容为很少的钱或很琐碎的事都要争个不休。

chī yóu
蚩尤

【释义】

传说中的古代九黎族首领。

【辨析】

蚩尤易被误读为chì yōu。“蚩”从虫，之声。《说文解字》中对“蚩”的解释为“虫也”，所以要注意“蚩”下面是个“虫”。这名字中蕴含的贬义色彩，能让我们从中窥探出古人对于蚩尤的否定态度。

【起源与演变】

蚩尤是传说中的九黎族首领。据说，九黎是九个部落，信奉巫术，勇猛善战。

蚩尤善战，有战神之称，并制作了五兵：戈、矛、戟、酋矛、夷矛。据说他有兄弟八十一人，兽身人语，铜头铁臂，食沙吞石，善造兵器，横行天下。天帝派遣玄女下凡，授黄帝以兵信神符，黄帝才得以大败蚩尤。

蚩尤也因其暴怒能战，成为星相占卜中的凶神名。

【例句】

中国历史上，春秋时期以来的古籍对蚩尤传说的记录相当丰富。

【字里字外】

距今五千余年前的涿鹿之战，是黄帝部族联合炎帝部族，为了跟北方的蚩尤部族争夺适于牧放和浅耕的中原地带，在今天的河北省涿鹿县一带进行的一场大战。《史记·五帝本纪》将其描述为“黄帝乃征师诸侯，与蚩尤战于涿鹿之野，遂禽杀蚩尤”。《庄子·盗跖》也有“黄帝与蚩尤战于涿鹿之野，流血百里”的描写。

涿鹿之战带有浓厚的神话色彩。传说此战惊心动魄，蚩尤勇猛，军队强悍好战，黄帝不是他的对手。虽然黄帝以野兽冲锋，又有鬼神相助，但依然九战九不胜。而且蚩尤不知施了什么法术，唤起漫山遍野的大雾，大雾持续了足足三天三夜。黄帝大军陷在浓雾之中，辨不得方向，左突右冲，却怎么也找不到出去的路。而蚩尤铜头铁臂的兄弟们，以迷雾为掩护，杀得黄帝军队人仰马翻。

黄帝有一个臣子，名为风后。他临危不乱，在北斗七星的启示下，发明了指南车，指引着黄帝大军冲出迷雾，最终大败蚩尤。

经过这一战，各氏族部落进一步融合，对于古代华夏民族由野蛮时代向文明时代的转变产生了重大影响。

fú xī
伏羲

释义

传说中的中华民族人文初祖，又称伏羲氏、庖牺。

辨析

“羲”字与“义”的繁体字形“義”十分相似，应注意书写正确。“羲”从兮，义声，本义是气。

起源与演变

《说文解字》将“羲”解释为“气也”，后来“羲”成为古代帝王伏羲的简称。伏羲一词最早见于《庄子》。《庄子·人间世》中说：“是万物之化也，禹、舜之所纽也，伏羲、几蘧（qú）之所行终，而况散焉者乎！”伏羲也被称为宓羲、包牺、庖牺等。据传，宓（mì）城为伏羲城。清康熙十二年（1673年）修纂的《阳谷县志》载：“阳谷北境有宓城，太皓伏羲氏之城也。故宓城传言为伏羲城。伏羲或谓宓羲。城在阳谷安乐镇以北，阳谷在伏羲城以南，为伏羲教民种谷之地。”伏羲城在阳谷以北，阳谷是伏羲教臣民们种谷子的地方。

【例句】

每年的农历五月二十一日，甘肃省天水市就会举办盛大的公祭伏羲典礼。

【字里字外】

伏羲是中国的神话人物，相传为上古“三皇”之一。

在传说中，伏羲是人头蛇身，和女娲一样。伏羲与女娲是兄妹，两者是大洪水后唯一幸存的人类，他们兄妹结合，人类得以延续。

伏羲创造了先天八卦，根据蜘蛛结网发明了捕鱼的渔网，还制造了古代的乐器——瑟。《周易·系辞下》就描写了他创造八卦的过程：“古者庖牺氏之王天下也，仰则观象于天，俯则观法于地，观鸟兽之文与地之宜，近取诸身，远取诸物，于是始作八卦。”意思是说古时候伏羲治理天下，他仰观天象，俯察地理，观察鸟兽的形象，以及大地的脉络，在自身和周围万物中寻找真相，终于创造了八卦。

到了唐代，伏羲已经有了完整的传记，他以风为姓，是母亲华胥氏踩了巨人脚印之后怀孕所生，蛇身，人首，有圣德，发明了几乎一切先民所赖以生存延续的生产生活方式和工具。

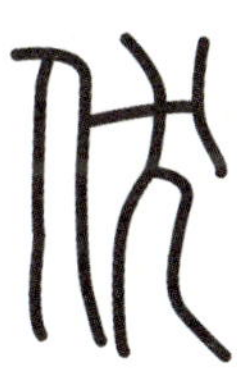

小篆中的“伏”字

小篆中的“羲”字

桔梗
jié gěng

释义

多年生草本植物，供观赏。根可入药。

辨析

“桔”不要误写为“秸”，“秸”的部首为“禾”，与庄稼有关，“秸秆”意为农作物脱粒后剩下的茎，而“桔”的部首为“木”。另外，需要注意，不要把“橘子”误写为“桔子”。

起源与演变

《说文解字》：“桔梗，药名。从木，吉声。”桔梗是一种多年生草本植物，花为暗蓝或暗紫色。根可入药，有宣肺、祛痰、排脓等功效。

例句

“桔梗”被朝鲜族人民称为“道拉基”，是一种很受欢迎的野菜。朝鲜族民歌《道拉基》就是歌唱桔梗的。“桔梗哟，桔梗哟，白白的桔梗哟长满山野。只要采上一两棵哟，就可以装满一大箩哟。”音乐轻快明朗，生动地塑造了朝鲜族姑娘勤劳活泼的形象。

傀儡

kuǐ lěi

释义

木偶戏里的木头人。比喻被人玩弄于股掌之间，没有独立意志的人，或受人操纵的人或组织。

辨析

“傀儡”本义指用土或木头制成的人形玩偶，因此均为单人旁。

“傀”字的右半边是个“鬼”，但“傀”与通常意义上表鬼神之义的“鬼”并无关联。《说文解字》说解“傀”为“伟也”，本义是伟、大；此外，“傀”的读音为上声，而不是阳平。“畾”（léi）同“垒”，指田间的土地。

起源与演变

“傀儡”最初指土或木头制成的人形玩偶；后指操纵这种玩偶的表演即“傀儡戏”；又比喻不能自主、受人操纵的人或组织，如“傀儡皇帝”“傀儡政权”。

例句

枚少爷穿着长袍马褂，听人指挥，举动呆板，衣服宽大，活像一个傀儡。

巴金《秋》

【字里字外】

关于傀儡，《列子 · 汤问》中记载了周穆王时有能工巧匠“所造能倡者”，这就是后来木偶人的雏形。

作为一种民间艺术，汉代在一些盛大场合就有木偶戏表演了。明代有“南方好傀儡，北方好秋千”的说法，可见这种称为“傀儡戏”的木偶戏比较流行于我国南方地区。

这个能工巧匠便是大名鼎鼎的偃师了。传说偃师是周穆王时候的一个奇人。他曾制造了一个能歌善舞的男性人偶。这个人偶和常人极为相似，舞姿优美，歌声清亮。让周穆王惊奇不已，以为是个真人。谁料在宴会上，这个人偶竟然对周穆王的侍妾抛媚眼。周穆王大怒，要杀偃师，偃师只得将人偶拆开，周穆王这才发现这个人偶从内脏到外表的毛发、牙齿等，均是人造的。

由于在表演时由艺人用线牵引木偶，因此又名“丝戏”“线戏”。福建地区每逢民间婚嫁、寿辰、婴儿周岁、新居落成、迎神赛会，都必须演提线木偶戏以示大礼，因此又称“嘉礼戏”。

清蒲松龄所著的《聊斋志异》中，对于傀儡也多有记载。一个故事说，有人见到一个美貌的女子，心生爱慕，于是千方百计恳求女子的主人，希望能有机会一亲芳泽。但等他真的与女子近距离接触时，才发现这位所谓的“美女”只不过是主人制作的木傀儡罢了，根本不是活人。在另外一个故事中傀儡就不那么美好了。那是个使妖术害人的故事。行路的人半夜遭到袭击，打退敌人之后，才发现那不过是一些受人操纵的木偶，也就是专门用来害人的傀儡。

láng zhōng
郎中

【释义】

古代一种官职。中医的医生也被称为郎中。

【辨析】

人们常把“郎中”的“郎”字写错，有说法认为“郎中”的“郎”原本是“廊”的简写，但现代汉语中应用“郎”。

“郎”在古代是对年轻男子的称呼，比如苏轼《念奴娇·赤壁怀古》中“三国周郎赤壁”一句，“周郎”便是用“郎”称呼周瑜。可以联系“少年郎”等词加以记忆。

【起源与演变】

郎中原本是官名，起源于春秋战国时期，春秋的齐、晋与战国的齐、楚、韩、赵、秦等国都有这一官名。之后的朝代基本也都有这一官名，只是职责有所不同。春秋战国时期，郎中主要承担侍从君王、参政议政、保卫、出使等职责。汉代郎中掌管车、骑、门户，同时是皇帝侍卫，也外出打仗。从唐代开始到明清，尚书省各部都有郎中一职，掌管各司事务。

【例句】

盖满爹从楼梯上掉下地来，肩胛骨错出了榫头，请个草药子郎中足足治了两个月才好。

周立波《盖满爹》

【字里字外】

宋代以后，一般北方称医生为“大夫”，而南方则称医生为“郎中”，“大夫”和“郎中”在古代本来都是官名，可见古人对医生是十分尊敬的。我国古代有许多名医，他们常常既有高超的医术，又有崇高的医德。如春秋战国时期，奠定中医切脉诊断法的扁鹊；为关羽刮骨疗伤的华佗；写出《伤寒杂病论》，确立中医六经辨证基本原则的“医圣”张仲景；尝遍百草，写成《本草纲目》的李时珍等。

而关于什么样的医生才是最好的医生，名医扁鹊有过精辟的阐述。

据说，魏文王曾求教于名医扁鹊：“我听说你们家兄弟三人，都精于医术，那么谁的医术最高明呢？”扁鹊回答：“大哥最好，二哥差些，我是三人中最差的一个。”魏王不解，因为三人中扁鹊名气最大。

扁鹊接着解释说：“大哥治病，是在病情发作之前，那时病人自己还不觉得有病，但大哥就下药铲除了病根，所以他名气无法传出去，只有我们家里人才知道。我二哥治病，是在病初起之时，症状尚不十分明显，病人也没有觉得痛苦，二哥就能药到病除，所以大家都认为二哥只会治小病，所以他只在乡邻中有名气。我治病，都是在病情十分严重之时，病人痛苦万分，病人家属心急如焚。此时，他们看到我做各种手术，认为我医术高明，所以名气才传遍全国。”

契丹
qì dān

释义

我国古代少数民族之一，过着游牧生活。10世纪初耶律阿保机统一各部，建立契丹国，后改称辽。

辨析

《说文解字》中对“契”的解释是“刻也”。《吕氏春秋·察今》中记载：“楚人有涉江者，其剑自舟中坠于水，遽契其舟，曰：‘是吾剑之所从坠。’”其中的“契”就是刻的意思。“契”一般读作qì；读xiè时指的是殷商的祖先，传说是舜的臣子。

起源与演变

北魏时，始见契丹族名。据传，契丹是东胡的一支，游牧于潢水（今西拉木伦河）流域一带，唐初形成部落联盟，曾臣服于漠北的突厥汗国。唐太宗贞观二年（628年），契丹部落联盟背弃突厥，归附唐朝。契丹与唐朝之间，既有朝贡、入仕和贸易，也有冲突和战争。到了唐末，因中原内乱不断，契丹势力渐强。后在北方地区建立辽朝，北宋时国力达到全盛，不断侵扰北宋国土。衰弱后被女真族建立的金朝所灭。

【例句】

唐太宗时，契丹归附唐朝，唐设松漠都督府，以契丹族酋长为都督，赐姓李；唐朝名将李光弼就是契丹人。

【字里字外】

知道杨家将的人，一定都知道那个杀伐果决的契丹女主萧太后。在杨家将的故事里，萧太后虽然是个反面人物，但历史上真实的萧太后却虚心诚恳，执法严明，聪明果决，是辽代杰出的女政治家。

萧太后名绰，字燕燕，是辽景宗耶律贤的皇后，宰相萧思温之女。景宗在位时，因身体不好曾由她代理政务。景宗病死后，其子耶律隆绪（即圣宗）即位，年仅十一岁。萧绰被尊为皇太后，尊号为“承天皇太后”，并以此身份总摄军国大政。

萧绰年轻时曾许配给汉臣韩德让，但还没成婚就被选为皇妃。辽景宗死后，萧绰看中韩德让的政治与军事才能，决定改嫁给韩德让。当时契丹的风俗也允许她这么做。于是萧绰又秘密派人毒杀韩德让的妻子，从此与韩德让成为事实上的夫妻。辽圣宗也把韩德让当父亲一样对待。

萧绰摄政期间，在韩德让和耶律斜轸的辅佐下，大力发展经济文化，使辽朝国力空前强盛。曾与圣宗率军南下直攻到宋都开封的门户澶渊，虽遭宋军有力反击，但利用宋真宗的懦弱与宋朝奸佞当道的弱点迫使宋朝签订了有利于辽方的“澶渊之盟”。

龋齿

qǔ chǐ

释义

口腔疾病，有牙疼、齿龈肿胀等症状。患这种病的牙，也叫蛀齿，俗称虫牙或虫吃牙。

辨析

因和牙齿有关，所以从齿。《说文解字》说解“禹”为“虫也”，即古代一种虫名，所以“禹”字不仅是声旁，还是义旁。读音为上声，同“曲”。

起源与演变

《说文解字》说解“龋”为“齿蠹也”，《释名》中也说“龋，朽也”，可见，“龋”的本义为一种牙齿腐蚀、腐朽的疾病，是名词；后引申为“牙齿张开”的意思，做动词，《正韻》中说解为“龋，齿启貌”。如清朝吴伟业《石榴》诗中“江南逢巧笑，龋齿向人开”，说的是江南石榴多裂，像咧开嘴朝人巧笑一样。

例句

世界卫生组织已将龋齿与肿瘤、心血管疾病并列为人类三大重点防治疾病。

【字里字外】

司马迁《史记·扁鹊仓公列传》:“齐中大夫病龋齿，臣意炙其左太阳脉，即为苦参汤，日漱三升，出入五六日，病已。”意思是说，有一位齐国的大夫（官名）得了龋齿，扁鹊提出用炙烤他的左太阳脉，同时每天用苦参熬汤三升漱口的方法治疗，五六天就可以治愈。这是比较早的关于龋齿治疗的记载。

有一个“龋齿笑”的典故。东汉末年，有位叫梁翼的大将军，他的妻子孙寿很美丽，且善做各种媚态，“作愁眉，啼妆，堕马髻，折腰步，龋齿笑，以为媚惑”。“愁眉”“啼妆”是把自己的眉眼化得像刚刚哭过那样楚楚动人；“堕马髻”是像刚刚从马背上摔下来，将发髻偏斜一边的样子；“龋齿笑”就是像牙疼时那样遮遮掩掩地笑；而“折腰步”则是走路时要装出腰肢细得要折断的样子，类似于今天的“猫步”。

孙寿发明的这一系列装扮和行为让当时的女性趋之若鹜，全洛阳城的女性都开始争相模仿，着实掀起了一场奇异的时尚风潮，大概可以称得上我国古代较早的行为艺术了。

甲骨文中的“齿”字

金文中的“禹”字

小篆中的“齿”字

小篆中的“禹”字

suí yáng dì
隋炀帝

【释义】

隋炀帝名杨广，隋朝皇帝（569—618）。

【辨析】

“炀”字是固定写法，不要误写成“杨”“扬”等。

【字里字外】

隋炀帝杨广，生于隋京师长安，是隋文帝杨坚的次子。起初被封为晋王，公元600年，以阴谋取代兄长杨勇为太子。公元604年杀父即位，成为隋朝的第二位皇帝。他征发几百万民工营建东都洛阳，开凿大运河，修筑长城，开辟驰道。又三次发动对高句（gōu）丽（lí）的战争。繁重的徭役和兵役激起各地农民大起义，致使隋朝统治土崩瓦解。公元618年，隋炀帝在江都（今江苏扬州）被部下缢杀。他极具文学天赋，著名篇章有《春江花月夜》《水调歌》，《全隋诗》收录其诗四十多首。历史上对隋炀帝的评价众说纷纭，有人说他是仅次于秦始皇的大暴君，有人说他建立了千秋伟业，还有人说他文学才华盖世。

wú tóng
梧桐

释义

植物名。落叶乔木。木材白色，质轻而坚韧，可制造乐器和各种器具。种子可以吃，也可以榨油。

字里字外

古书中“梧桐”又简称为“梧”或“桐”。杜甫在《秋兴》诗之八中有“碧梧栖老凤凰枝”之句。“碧梧”也可以用来比喻美好的才德或英俊的仪态，如韩愈《殿中少监马君墓志铭》：“退见少傅，翠竹碧梧。”刘基《诚意伯文集·郁离子》“工之侨得良桐焉”，其中“良桐”指的是上等桐木，是制作古琴的好材料。梧桐在先秦时期就已经是诗文典籍中常见的树。古人认为梧桐可以吸引凤凰停下来栖息，《诗经·大雅·生民之什·卷阿》中写道：“凤凰鸣矣，于彼高岗。梧桐生矣，于彼朝阳。”大意是凤凰在那高高的山岗上鸣叫，梧桐在那高高的山岗上向着朝阳生长。

例句

回黄转绿世间多，但象征悲哀的莫如落叶，尤其是梧桐的落叶。

丰子恺《梧桐树》

xiān dào
籼稻

【释义】

水稻的一个品种，茎秆较高较软，叶子黄绿色，稻穗上的子粒较稀，米粒长而细，黏性小而胀性大，有别于粳稻，籼稻的米叫作籼米。主要分布于华南及淮河以南地区。

【辨析】

“籼”字常被错读为shàn，正确读音同“仙”。

【起源与演变】

《说文解字》中解释“稻”为“稌（tú）也”，从禾，从余，“禾”是泛指一切“谷物”，“余”是“剩下”的意思，“稻”本义指的是未去壳的果实，是谷物的泛称。后来人们根据米粒的黏性做了初步区分，以黏者为稻，不黏者为粳，后又更为准确地分化出粳稻、籼稻、糯稻三种。

籼稻的果实称为籼米，明李时珍《本草纲目·谷一·籼》中记载“籼米，气味甘、温、无毒”。

【例句】

我国南方地区大量种植籼稻。稻谷的贸易，呈现出“中籼东输、中籼南下”的流通格局。

zhāng qiān 张骞

释义

张骞是人名，汉族。他是中国汉代卓越的探险家、旅行家与外交家，他出使西域，对丝绸之路的开拓做出了非常重大的贡献。

辨析

不要误写为“张迁”或“张蹇（jiǎn）”。“蹇”从足，《说文解字》中将“蹇”说解为“跛也”，意思是跛足。比较常见的用法有“时乖命蹇”。而“骞”从马，有高举、飞起的意思，用作人名，有正面积极的意义。

起源与演变

《史记·大宛列传》中描述张骞“骞为人强力，宽大信人”，即赞美张骞坚强有力量，心胸宽大。

历史上多评价他出使西域的行为是“凿空”，意思是说在张骞出使西域前，中原与西域是有隔阂的，就像隔着一座大山。而张骞出使西域，打破了二者之间的阻碍，凿通了不同文化之间经济交流与文化交流的通道。

【例句】

张骞的出使，在民族交流史上开辟了新纪元。

【字里字外】

西汉建国初期，国力尚弱，北方匈奴骑兵不断骚扰汉朝边界，威胁着西汉的安全。初生的西汉只能示弱，采取和亲政策。

到了汉武帝时期，国力强盛。汉武帝听闻西域的大月氏（dà ròu zhī）国王被匈奴所杀，不堪奴役之下有报复匈奴的想法，便想联合大月氏一起抗击匈奴。于是，他派遣张骞出使西域，前往大月氏去完成这一艰巨的任务。

西域的道路上处处艰险。张骞不幸被匈奴骑兵俘虏，被扣留在匈奴整整十年。匈奴单于对张骞威逼利诱，甚至为他娶妻，却始终无法打消张骞出使大月氏，完成君主所托的念头。

十年光阴的消磨，让匈奴对张骞的监视也开始有所松弛。一日，张骞趁匈奴人不备，终于带领随从逃走。可此时已是物是人非，大月氏人已经西迁，在新的家园里，安居乐业，生活富足。张骞苦苦劝说了一年，但大月氏人已经再无重返故土、报复匈奴的想法。

无奈之下，张骞无功而返。九死一生，历经磨难，终于回到汉朝，并于元朔六年，与卫青一起出征匈奴。张骞凭借着对西域地形的了解，帮助卫青击败匈奴，取得河西地带。之后，张骞又第二次出使西域，使得不同文化之间的交往日益频繁。而商旅们则沿着张骞探明的道路，开启了行走在丝绸之路的贸易时代。

甘霖

gān lín

甘霖

【释义】

指久旱以后所下的雨。

【起源与演变】

《说文解字》中把“霖”说解为“雨三日已往。从雨，林声”。大意是说，“霖”是指雨连续下了三天以上。而“甘霖”一词演变到现在，一般是特指大旱之后的降雨，和单指大雨有所不同。

【字里字外】

“久旱逢甘霖，他乡遇故知，洞房花烛夜，金榜题名时”被称为人生四大喜事，这首诗又被叫作《四喜》诗。

而人生四大悲是“寡妇携儿泣，将军被敌擒，失恩宫女面，落第举人心”。

有人给《四喜》诗每一句各加了两字，把“四大喜”变成了“空欢喜”：“久旱逢甘霖——一滴，他乡遇故知——债主。洞房花烛夜——梦中，金榜题名时——重名。”

瑰宝

guī bǎo

释义

形容特别珍贵的东西。

辨析

“瑰”字易错，《辞海》将“瑰”解释为美石。小篆字形“玉”和“王”的写法都是三横一竖，只是三条横线之间距离大小有差别。后来“玉”字增加一点以便与“王”字相区别，但作为部首的“玉”（左偏旁）仍然保持小篆的写法，即三横一竖。因此“瑰”的左边不是王字旁，而是斜玉旁。

起源与演变

“瑰”，从玉，鬼声。《说文解字》将其解释为“玫瑰”，但并非指今天普通意义上的玫瑰花，而是指古代传说中的极为罕见的精美玉石“火齐珠”。因此“瑰”可以引申泛指一切奇珍异宝，进一步引申为奇异的、不寻常的事物。而美石和珍奇的东西，共同点都是美，因此“瑰”也可以引申为美好、美丽，比如“瑰丽”。

【例句】

我们祖国的文化源远流长，灿烂辉煌，是世界的瑰宝。

【字里字外】

中国是世界上最早使用玉的国家。《说文解字》说“巫以玉事神”，玉是巫用来敬奉神灵的工具。在泛神论的原始时代，“玉为神物”，在人类历史上占据着神圣的地位。

中国人爱玉，喜欢以玉来祭天，以玉来比喻德行，以玉来抒发情怀。玉不仅仅是装饰品，也是中国文化的载体之一。中国人自古重视玉，喜欢玉内敛温润的性格，以及它蕴含的高贵品质。“宁为玉碎，不为瓦全”说的便是古人极为看重的气节二字。

与玉相关的字，多被赋予美好的感情色彩。比如“璞”是未经雕琢的玉石，引申为未经雕琢的天然状态，“返璞归真”指人去掉外在的装饰，回归原来的质朴状态。“琼”也是美玉，也有美好之义，用于“琼楼玉宇”“琼浆”。此外，人们起名字时也喜欢使用带玉的字，比如“璐”“琪”等，都蕴含着希望孩子如玉般美好纯洁的寄托。

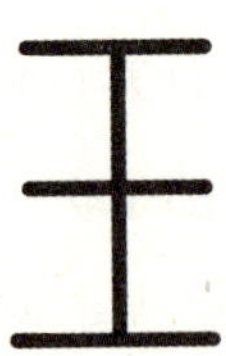

小篆中的“玉”字

小篆中的“瑰”字

彗星

huì xīng

释义

绕着太阳旋转的一种星体，通常在背着太阳的一面拖着一条扫帚状的长尾巴，体积很大，密度很小。口语中也称扫帚星。

辨析

人们常把“彗星”的“彗”字写错，在甲骨文中，“彗”像扫帚的形状，没有心字底。

起源与演变

“彗星”俗称“扫帚星”。“彗”在甲骨文中像一把扫帚，本来是象形字，后来在下面增加了“又”字，构成了会意字。小篆中，“彗”字的上半部分是指细而茂盛的草，下半部分的“又”代表手，它的本义是用细而茂盛的干草扎成的扫帚。隶书将上半部分写成两个“丰”字，下半部分的“又”写成“彐”。

例句

真宗即位，有彗星见于东方。

丁谓《谈录》

且永初以来，政事多谬，地震宫庙，彗星竟天，诚是将军用情之日。

范晔《后汉书·李固传》

【字里字外】

天文学上将在偏长轨道或近圆轨道上绕太阳运行的一类天体称为彗星。彗星由彗核、彗发和彗尾组成。其中，彗核主要由冰冻的水、二氧化碳、氮和尘埃等物质组成，是彗星中最明亮的部分。彗发是指彗核周围那一层蓬松状的物质。当彗星接近太阳时，太阳风把彗发中的气体和微尘推开生成“彗尾”。彗星的体积非常庞大，彗尾可长达几千万甚至上亿公里，但物质却非常稀薄，密度大约只有地面上空气的十亿亿分之一。

彗星的轨道有椭圆、抛物线和双曲线三种。在椭圆轨道上运动的彗星称为“周期彗星”，它们周期性地围绕着太阳公转。在抛物线或双曲线轨道上运动的彗星称为“非周期彗星”，它们绕太阳转个弯就一去不回了。彗星看起来就像一柄扫帚，所以又被称为“扫帚星”。古代人们往往把战争、瘟疫等灾难归罪于彗星的出现，后来“扫帚星”就用来指带来坏运气的人。

由于彗星是不祥的预兆，所以在古代许多典籍中都有彗星的记载。《春秋》中记载，公元前613年，“有星孛入于北斗”，这是世界上公认的首次关于哈雷彗星的确切记录，比欧洲早六百三十多年。在马王堆汉墓的帛书中，发现了绘有二十九种彗星形态的彗星图，这是迄今为止发现的最早的关于彗星形态的著作。

jiǎ zhòu
甲胄

【释义】

盔甲。

【辨析】

“胄”不可读作wèi，不可写作“胃”。“胄”的本义是头盔，因此上半部分是出头的“由”而不是“田”。

【起源与演变】

“甲”是一个象形字，像草木生芽后所戴的种皮裂开的形象。本义是种子萌芽后所戴的种壳。“胄”《说文解字》说解为“兜鍪（móu）也”。本义为头盔。“甲胄”本义是铠甲和头盔，如《西游记》中的描写“那魔王穿了甲胄”，后引申为兵器的泛指。在清代也用于指代战争，如清赵翼的诗“小则兴讼狱，大则兴甲胄”。也可以活用为动词，指披甲戴盔。“胄”还可以指古代帝王和贵族的后代，如“世胄”的意思是世家贵族的子孙。不过需要注意，作此义讲的“胄”与“甲胄”的“胄”原字形不同。

【例句】

他毫无乞灵于牛皮和废铁的甲胄；他只有自己，但拿着蛮人所用的，脱手一掷的投枪。

鲁迅《这样的战士》

【字里字外】

甲胄是古代军戎服饰之一。甲胄作为将士的防护性兵器，在冷兵器时代充当着极其重要的角色，可以较大程度地保护将士身体免遭敌方进攻性兵器的重创，进而增强战斗力并给敌方以更猛烈的打击。

中国的甲胄始于夏，盛于商。甲胄的出现和原始社会末期私有制出现、战争日益频繁、进攻性武器逐渐锐利等因素紧密相关。周以前，仅以皮革为甲，无铠片，头盔为铜制。西周时期主要使用皮革制作甲和胄，并在皮质甲胄上钉缀青铜饰件，以增强防护效能。战国出现铁甲。秦汉革甲、铁甲、铜甲并用，护体部位增多，防护部分为胸、背、腹。南北朝时，保护腿部的甲裳"腿裙"和护臂的"披膊""简袖"相继问世。全套铠甲形成。唐代出现制作精良的甲，有细鳞甲、乌锤甲、锁子甲等。在唐代铠甲的基础上，宋代的甲胄又有新的发展，盔甲的材质分为铁、皮、纸三等，铁甲最为贵重。南宋中期以后，铠甲的重量有所减轻，但甲叶的数目有所增加，说明铠甲的质量又有所提高，更加精细了。

甲胄一直沿用了数千年，其间形制不断得到改进，制作甲胄的材料亦多种多样，其防护功能逐步完善。

芦（lú）笙（shēng）

释义

苗、侗等少数民族的管乐器，用若干根芦竹管和一根吹气管装在木制的座子上制成。

辨析

“芦”为草字头，是一种草本植物，“笙”从竹，表示它一般是由竹子制成。另外，“笙”不可读作去声。

起源与演变

芦笙的历史悠久，南宋范成大《桂海虞衡志》就对其有所提及：“卢沙瑶人乐，状类箫，纵八管、横一管贯之”，其中“卢沙”即“芦笙”；明钱古训《百夷传》：“村甸间击大鼓，吹芦笙，舞干为宴”；明倪辂《南诏野史》中记载云南滇中苗族“每岁孟春跳月，男吹芦笙，女振铃唱和，并肩舞蹈，终日不倦”。

自古以来，芦笙就是西南少数民族歌舞节日或喜庆丰收时不可缺少的乐器。至今苗族仍有同古籍记载颇为近似的“踩堂”（即芦笙舞）。

【例句】

观光旅游的客人来到这里，男女老少都会身穿节日盛装，吹着芦笙跳着舞，夹道欢迎客人。

【字里字外】

自古以来，吹奏芦笙，都要配合舞蹈，边演奏边跳舞。不过根据各地区习俗的不同，芦笙的演奏也有所差异。

芦笙舞的舞蹈形式多种多样，一般男子吹芦笙，女子随后而舞。各种芦笙都有较复杂的舞蹈动作。乐手们一边吹，一边熟练地做出倒立、滚翻、吊挂、倒背、爬竿、叠罗汉等高难动作。有的地区则以芦笙独舞和双人舞见长，旋律轻快，节奏自由，技巧娴熟。有的地区的芦笙较小，男吹女舞，节奏平稳舒缓，韵味悠长。这些不同类型的芦笙技艺，代代相传，逢年过节或是喜庆的日子，人们都会跳芦笙舞以示庆祝。

另外，芦笙不仅是一种单纯的民族乐器，也是苗族男女青年恋爱、成婚的重要“媒介”。通过它，情窦初开的青年们互相了解，产生爱慕，结为伉俪。每逢月朗风清的夜晚，有情的小伙子就会手捧芦笙吹一首婉转悠扬的情歌，姑娘们听到了会以清脆的歌声相对。这种恋爱方式浪漫而含蓄，充满情致，别具一格。因此，芦笙在苗族人民心目中是神圣的、珍贵的，是家家离不开的民族乐器。

门槛（mén kǎn）

释义

指的是门框下部挨着地面的横木（也有用石头制成的）。也用来比喻进入某范围的标准或条件，还用来指窍门，或者指找窍门、占便宜的本领。

辨析

《说文解字》中将“槛”（jiàn）说解为“栊也”，意思是养禽兽的笼子、栅栏，也用来指关犯人的囚笼、监牢。注意“槛”除了作门槛时读音为kǎn，其余义项都读jiàn。

起源与演变

“门槛”，古代也称为“阈”或“门限”。《礼记·曲礼》中有“不践阈”的说法，意思是（进门时）不要踩在门槛上。《东观汉记·臧宫传》中写道：“越人伺候者，闻车声不绝而门限断，以汉兵大来。”大意是说越人的侦察兵听到车声不断，又看到城门门槛也断了，就以为汉朝的大军到了。

现在“门槛”也用以比喻进入某范围的标准或条件，比如“做高科技行业门槛比较高”。

【例句】

据说老年人对《望乡》持反对态度的多，我已经踏进了七十五岁的门槛，可是我很喜欢这部电影，我认为这是一部好电影。

巴金《谈〈望乡〉》

【字里字外】

在我国古代的传统建筑中，大门入口都会设有门槛，古人认为门槛能阻挡外部的不利因素进入家中，也能阻止自家的财气外泄。

古人设置门槛并不是随意而为的，一般来说，房屋主人的身份地位直接关系着门槛的高低，地位高则门槛高，地位低则门槛低。

相传隋代高僧智永禅师书法造诣极深。他是王羲之的七世孙，秉承先人遗风，如痴如醉地练字，毛笔用坏了一支又一支。他后来把这些用坏了的毛笔集中埋在一个地方，还亲自为这些笔撰写铭词，时人把他埋笔的地方称为“退笔冢”。

经过二三十年的不懈练习，智永禅师终于练就了一手好字，名气也越来越大，登门向他索求书法作品的人络绎不绝，以至于他居住的地方的门槛也被踩坏了。他只好用铁皮将门槛包起来，因此世称“铁门限”。

后来，人们就用“铁门限”或者“铁门槛”来比喻来访者络绎不绝。宋苏轼在《赠写御容妙善师》一诗中有“都人踏破铁门限，黄金白璧空堆床”的句子，用“铁门限”的典故来描述当时的人都来求妙善画师为自己作画的盛况。

暮霭

mù ǎi

释义

傍晚的云雾。

辨析

“霭”上面有个“雨”，“雨”的甲骨文字形就像雨滴落下，本义是从云层中落到地面的水滴，以“雨”为部首的汉字大都和雨有关联。“霭”的本义是云气，是一种和雨相关的天气现象，因此是雨字头。

“霭”不要误写成“蔼”。“蔼”上面是草字头，本义是指草木繁盛的样子。“蔼蔼”形容草木繁盛。

起源与演变

陶潜《停云》“霭霭停云，濛濛时雨”，苏轼《题南溪竹上》“山头霭霭暮云横”，这两句诗文中的叠词“霭霭”，都是形容云雾密集的样子。

“霭”也指烟雾和蒸汽，如王维《终南山》“白云回望合，青霭入看无”，“青霭”便是由水汽和尘埃组成的青色烟霭。

气象学上将轻雾也称为“霭”。

【例句】

暮霭笼罩了大宅，邻屋上都腾起浓黑色的炊烟。

鲁迅《奔月》

一片清凉的月色从渐浓的暮霭中透出来。

茅盾《陀螺》

【字里字外】

“暮”甲骨文字形像太阳落到了草丛中，表示傍晚，后增加表义构件“日”变为“暮”。

有一个成语叫作“暮鼓晨钟”，就是指佛寺中晚击鼓、早撞钟，以报时间，并劝人精进修持。“日暮穷途”是说天色已晚，路已走到尽头，比喻处境非常困难或穷困到了极点。

在中国古典诗词中，经常会出现暮霭这种黄昏的意象。如秦观的“多少蓬莱旧事，空回首，烟霭纷纷”；杜牧的“白沙日暮愁云起，独感离愁万里天”；柳永的“念去去，千里烟波，暮霭沉沉楚天阔”……暮霭成为一种茫然若失心境的物化再现，隐隐透露出文人心中的惆怅。暮霭与离别相伴，与其说是暗淡的天空，不如说是作者暗淡的心情令天空都蒙上了一层灰色。

除了黄昏，“暮”也经常用来形容人的年老、衰老。如“暮老”“暮耋”“暮齿”“暮年”都是指人到了晚年。“暮景桑榆”是说夕阳斜照在桑树和榆树的顶端，一派黄昏景象，“暮景残光”形容夕阳残照，两个词都比喻人到垂老之年。杜甫有一句诗“荒岁儿女瘦，暮途涕泗零”，“暮途”就是傍晚的路程，多比喻困境或人到晚年。

阡陌

qiān mò

释义

田地中间纵横交错的小路。

辨析

“阡”和“陌”的繁体字写法都是“阜”字旁（本义是土山、土埂），后简化为“阝”旁，注意不要写成单人旁或提手旁。

起源与演变

《说文解字》中有“路东西为陌，南北为阡”。阡陌最早在秦汉时期是指田界、田垄，后泛指田间的小路。到了两晋南北朝和唐代，又引申出途径、门路之义。古人认为，往南是生的方向、往北是死的方向，因此“阡”也有“通往坟墓的道路”的意思。如杜甫《敌武卫将军挽词》之三：“哀挽青门去，新阡绛水遥。”“阡”也由此进一步引申为坟墓的意思，如“阡原”“阡兆”都是墓地的意思。“陌”原本的意思是指田间小路，后也演变为泛指道路、街道，如辛弃疾《永遇乐·京口北固亭怀古》：“寻常巷陌，人道寄奴曾住。”

例句

阡陌交通，鸡犬相闻。

陶渊明《桃花源记》

字里字外

“废井田，开阡陌”是战国时期秦国的商鞅变法中一条重要的措施。据说，夏朝曾实行过井田制。商朝、周朝的井田制沿袭了夏朝的制度，到西周时已经发展得很充分。

井田制就是把耕地划分为一定面积的方田，周围有经界，中间有水沟，阡陌纵横，像一个“井”字。一井田分为九个方块，周围的八块田由八户耕种，称为私田，私田收成全部归耕户所有；中间是公田，由八户共同耕种，收入全部上交统治者。到春秋时期，由于铁制农具和牛耕的普及，使得农业生产力大大地提升，庶民都自己开垦私田，而荒废公田，井田制逐渐瓦解。商鞅变法中的“废井田，开阡陌”指的是废除井田制度，允许人们开荒和买卖土地，去掉原来由“阡陌”规划出来的贵族封疆。这样就打破了奴隶制的生产关系，促进了封建经济的发展。

小篆中的“千”字

小篆中的“阡”字

钱塘江

qián táng jiāng

释义

钱塘江是中国浙江省内最大的河流，以雄伟壮观的大潮闻名于世，发源于安徽省大尖山岭北麓，经杭州湾注入东海，全长410千米。

辨析

钱塘江因流经古钱塘县（今杭州）而得名。秦始皇时就已经有了钱唐县，唐代时为避国号讳，改钱唐县为钱塘县。因此，注意“钱塘江”的“塘”不要写成“唐”。

起源与演变

钱塘江，又名“浙江”“之江”“罗刹江”，是吴越文化的主要发源地之一。浙江省的省名也是根据钱塘江的别称“浙江”而起的。钱塘江水道曲折，形如反写的“之”字——西湖正好是“之”上的一点——故又称“之江”。其源头历来有“两支”的说法，即南支为兰江，北支为新安江。新安江和兰江在浙江省建德市梅城镇汇合后向东北流，一直到萧山闻家堰的河段都可以统称富春江，在闻家堰以下至杭州湾入海口一段，才称钱塘江。钱塘江沿江两岸风景秀丽，多奇洞、古迹，旅游资源十分丰富。

【例句】

钱塘江大桥由我国桥梁专家茅以升主持设计，是我国自行设计并建造的第一座双层铁路、公路两用桥。1937年9月正式建成通车，没多久为对抗日军被茅以升亲自爆破，1948年又被修复。钱塘江大桥经历了半个多世纪的风雨和大潮，至今依旧岿然不动。

【字里字外】

“八月十八潮，壮观天下无”，这是宋苏轼在《观浙江涛》中盛赞钱塘江大潮的诗句。钱塘江大潮雄伟壮观，自古以来就被认为是天下奇观。据传，钱塘江观潮，早在魏晋时就已出现，到唐宋时，观潮之风更是盛极一时。因地理位置的变迁，从明代起，海宁盐官成为观潮的最佳地点，故亦称“海宁观潮”。

每年农历八月十八日前后，是观潮的最佳时间。一般认为，造成大潮的原因之一是，每年的这个时候，地球、太阳和月球几乎在一条直线上，月球和太阳对海水引力特别大。除此之外，大潮的形成也跟钱塘江口状似喇叭形，并且水下多沉沙有关；再加上大潮发生时正是多雨季节，季风风向又与潮水方向基本一致，更是助长了潮势。

古代有无数文人墨客慕名前来观看钱塘江大潮，并留下了许多名篇佳句。比如，晋顾恺之写过《观潮赋》。唐孟浩然《初下浙江舟中口号》中有“八月观潮罢，三江越海浔”的诗句。南宋周密在观钱塘江大潮后写下了名篇《观潮》，详细地描写了南宋时期钱塘江海潮的壮观景象。

qián kūn
乾坤

释义

《易经》的乾卦和坤卦，借指天地、阴阳或江山、局面等。

辨析

“乾”字易写错。《说文解字》说解为“上出也”，本义就是冒出。

起源与演变

“乾坤”是《易经》里的两个卦名。《易·说卦》：“乾为天，为圜（huán），为君，为父。”“坤”象征阴性、地，《易·坤》：“象曰：地势，坤。”“乾坤”指阴阳两种对立势力。阳性的势力叫作“乾”，阴性的势力叫作“坤”。“乾”的作用是使万物发生，“坤”的作用是使万物生长。“乾坤”引申为天地、日月、男女、父母、世界等的代称。如“朗朗乾坤”中“乾坤”即指代天地、世界等。人们常说的“内有乾坤”其实说的就是里面像有另一个天地一般，暗藏着很大的玄机。在后来的古诗词名句中，“乾坤”还被用来指代日月、国家，或者指局面，用于“一举定乾坤”。

【例句】

马拉松世锦赛昨天结束了最终争夺，中国选手一跑定乾坤，勇夺男子组冠军。

中国鼻烟壶虽小，但其实内有乾坤，集书画、雕刻、镶嵌、琢磨等技艺于一身，具有很高的艺术观赏性。

【字里字外】

提起乾坤，便让人想起了太极八卦。道教中的太极与阴阳观念，其实是中国古代先哲们对于世界的一种理解方式。

太极图是一个圆，里面画着阴阳鱼。《易经》认为“易有太极，是生两仪，两仪生四象，四象生八卦”。指的是太极是宇宙的本原。太极生出两仪，也就是阴阳、天地等。两仪生出四象，四象指太阴、太阳、少阴、少阳。也有人认为四象指的是春、夏、秋、冬四时，或者指水、火、木、金布于北、南、东、西四方。四象生出八卦——乾、坤、震、巽、坎、离、艮、兑。八卦也分别象征着天、地、雷、风、水、火、山、泽这八种自然现象。八卦衍生万物。

随着时间的流逝和对古代文化的遗忘和偏解，太极八卦图被用于算卦、风水等迷信活动中。其实，它是中国古老的文化遗产，是中国古老文明的结晶。即便在现代，作为看待世界的一种古老的哲学观念，它也能为现在这个世界做出重大贡献。比如，刘子华在八卦的启发下，利用天文参数，推算出了木王星的位置和运行速度。莱布尼兹在八卦的启发下，发明了二进制，为计算机的发展做出了伟大贡献。

qǐng jiǎn
请柬

【释义】

以书面形式表示的请人出席或参加典礼、会议、观看演出的卡或帖。

【起源与演变】

“柬”，从束，从八。“束”是札束，“八”指分别。“柬”《说文解字》说解为“分别择之也”，本义为挑选，从事物中分别出好坏。现在主要用于信札、名帖等的统称。

【字里字外】

古代中国人讲究礼仪，重要典礼和活动前，往往通过请柬向他人传情达意。古时官署中负责处理书札往来的部门称为“柬房”，装信札和名帖的匣子称为“柬匣”。

在纸张发明之前，古人书写载体是木片、布帛和竹片等，文字写在木片上叫作“札”或“牍”，写在布帛上就是“帖”，写在竹片上称为“简”。“请柬”原为“请简”，原是书写在竹片上的一种短小的书信。后来的请柬就是在纸张上书写的了。

丘壑

qiū hè

释义

泛指山水幽美的地方，也指乡村幽僻之地。

辨析

“欲壑难平”和“以邻为壑”都是在“壑”沟谷的本义上加以比喻。掌握了这一点，“壑”就不容易写错。

起源与演变

《说文解字》将“壑”解释为“沟也”，是一种深谷、深沟。将“丘”解释为“丘，土之高也。非人所为也”。“丘”是自然形成的小土山，其甲骨文字形就像两个小土峰，与山近似（“山”字的甲骨文字形像三个山峰）。

古人爱好山丘密林，使之成为中国诗词歌赋中的独特意象，隐含着文人归隐、向往自由生活之义。晋朝陶渊明《归园田居》的“性本爱丘山”，意思就是说自己的本性喜欢山林生活，表达了自己希望归隐到山林田园的生活。

【例句】

或者是重峦叠嶂，或者是几座小山配合着竹子花木，全在于设计者和匠师们生平多阅历，胸中有丘壑。

叶圣陶《苏州园林》

【字里字外】

“丘壑”除了单指幽静的山水之外，还有一些引申用法。

我们比较熟悉的用法有“胸有丘壑”。“胸有丘壑”原来指头脑中有很多名山胜水的画面，作画前心中已经有了丘壑的鲜明轮廓。中国一直有“凡画山水，意在笔先”的说法。说的就是胸有丘壑这种作画下笔前心有全局的状态。“成竹在胸”与此相近。后来，“胸有丘壑”的含义得以延伸，指内心有万水千山，何其辽阔，也用来比喻心怀远大。

“壑”除了上述这种褒义的用法外，也可用于一些贬义的语境。比如“欲壑难平”和“以邻为壑”。

“欲壑难平”意思是心中的欲望像深谷一样难以填平，用于贬义，批评某些人的欲望太多，过于贪婪。

“以邻为壑”意思是把邻国当成排水大沟，后来比喻把困难和灾祸转嫁给别人。

甲骨文中的“山”字

甲骨文中的“丘”字

屋檐

wū yán

屋檐

【释义】

房檐，指的是房顶向旁边伸出的边沿部分。

【辨析】

土木建筑是中国古代建筑的主体。这是由于在华夏文明的发祥地黄河流域，曾经有茂密的森林，有取之不尽的木材，而遍地的黄土又很适合烧制砖瓦等来建造房屋。

在这种土木结构的建筑中，主要承重骨架又是由木头架构的，因此我国传统建筑又称为“木结构建筑”。所以“屋檐”的“檐”是木字旁。

【起源与演变】

“屋檐”在古代也称“宇”。《说文解字》中把“宇”说解为“屋边也”，“屋边”也就是屋檐。《诗经·豳（bīn）风·七月》中有“七月在野，八月在宇”的诗句，其中“宇”就是屋檐，整句意为蟋蟀七月在野外，八月来到屋檐下。

“檐”后来引申为指某些物体边沿形状像屋檐的部分，比如“帽檐儿”。

【例句】

我们来到一所简陋的土房前，伸一伸手，我准可以摸到屋檐。

杨朔《征尘》

【字里字外】

我国古代建筑主要是木构架结构，它的基本构造方式是以立柱和横梁构成房屋的框架，屋顶与房檐的重量通过梁架传递到立柱上，墙壁只起隔断作用，而不负责承重。

有句老话叫作“墙倒屋不塌”，这句古老的谚语非常形象地概括了中国古建筑的这种框架结构所具有的最重要的特点。这种木构架结构，可以使房屋适应不同气候条件下生产生活的各种要求，同时，由于墙壁不负重，门窗设置等也就有了极大的灵活性。此外，这种结构还形成了过去宫殿、寺庙等建筑中一种常见的独特构件，即斗拱。

所谓斗拱，是将屋檐托起的纵横交错的木块，它既可以承重，使屋檐较大程度地向外延伸，又可以起到装饰美化的作用。复杂的斗拱可以构造出多种多样的飞檐。飞檐又叫“出檐”，是传统建筑屋顶檐部的形式之一，指的是檐口微微上翘，屋角反翘更高，形如飞鸟展翅。飞檐形式很多，或低垂，或平直，或上挑，不同的形式可以产生不同的艺术效果，不但美观，而且有利于排泄雨水。古代建筑的屋檐形式还有重檐和单檐：房屋上下两重出檐称重檐或双檐，仅有一重的叫单檐。

wù sōng
雾凇

释义

雾凝聚在树木的枝叶上或电线上而成的白色松散冰晶，通称“树挂”。这是一种自然现象，在寒冷或潮湿的地方容易出现。

辨析

“雾凇”的“凇”为两点水（冫），切勿错写作三点水（氵）。“凇”只用作气象专用名词，如“雨凇”“雾凇”不能误写为“淞”，“淞”则特指“吴淞江”，又名苏州河，发源于太湖，跟黄浦江合流入长江。

字里字外

雾凇多在冬季出现，由水汽凝结产生，晶莹剔透，只能持续数小时或者数天。

中国是世界上最早记载雾凇现象的国家，《春秋》中就有关于“树稼”“树介”的记载，即后来的“雾凇”。“雾凇”一词最早见于文献记载是在南北朝时期吕忱所编的《字林》里，其解释为：“寒气结冰如珠见日光乃消，齐鲁谓之雾凇。”

例句

伴随着我市突降的大雾，松花江两岸出现了雾凇奇观。

xìn jiān
信笺

【释义】

信纸。

【辨析】

“笺”容易错写成“箴”或者“筏”，“箴”读作zhēn，原指古代用以劝告和规戒的公文。“筏”是个形声字，读作fá，是指用竹或木编排而成，或用牛羊皮等制囊而成的水上交通工具。

【起源与演变】

“笺”是形声字，竹字头是形旁，本指用于写字的狭条形小竹片。在纸被发明出来之前，中国古人用竹子削成简册用于书写，有时为了有所表识，会把竹子削成小竹片，系在简册上面，这种小竹片就被称为“小笺”。所以“笺”在古代也指用于注释原文的解释性文字。后来由于这种注释往往在正文边上，篇幅较短，也渐渐用于指称供题诗、写信等用的质量较高的小幅纸张，并渐渐演变为书信的代称。

【例句】

他从没看过如此别致而讲究的信笺。

琼瑶《雁儿在林梢》

【字里字外】

信笺在古代是文人常用的文具，在实用功能以外，信笺也逐渐发展出了审美功能。文人雅士为追求高雅，往往自制笺纸，有时在上面装饰上各式纹样。这类精致华美的信笺、诗笺也被称为“花笺”。

在历史上，薛涛笺是十分著名的一种信笺。薛涛是唐朝女诗人，她的父亲是宫廷乐官，安史之乱中逃到成都躲避战祸。薛涛幼年丧父，生活无着，落入乐籍。薛涛最爱写四言绝句，她嫌常用的纸张太大，一直想要制作适于写诗的小巧纸笺。薛涛居住的浣花溪畔，正是当时四川造纸业的中心之一。于是，薛涛指点工匠制成了极富个人色彩的“薛涛笺”。薛涛笺色彩缤纷，小巧精致，区别于当时常用的一般纸笺，蕴含了女性特有的美妙才思，一时间广为风行，成了文人雅士收藏的珍品。

旧时文人还会把雅致的笺纸编辑成册，这就是“笺谱”。著名的笺谱如明代吴发祥刻印的《萝轩变古笺》，堪称我国古代拱花木刻彩印笺谱之首，是中国早期木版彩印的精品。此外，著名作家鲁迅先生和郑振铎先生也曾一起编写过一本笺谱，名为《北平笺谱》，鲁迅先生还为这本笺谱作了一篇重要的序。

yān zhi
胭脂

【释义】

一种红色的化妆品，涂在两颊或嘴唇上。也可以用作国画的颜料。

【辨析】

《说文解字》中有“戴角者脂，无角者膏”的说法，也就是说，牛羊等有角动物的油叫作“脂”，猪等无角动物的油叫作“膏”，后来泛指动植物中所含的油脂，所以是肉月旁。“胭脂”的“胭”读音为yān，不要误读为yīn。

【字里字外】

“胭脂”是一种红色的颜料，常被旧时妇女在化妆时用以涂脸颊或嘴唇，古时也写作“烟支”“燕支”“烟脂”“燕脂”“臙脂”等。古人用菊科植物红花作为染料，这种红花叫红蓝，又因在西域焉支山出产，故也称为“焉支”。因为是外来词，所以有这么多音同字异的别名。又因妇女用的化妆品都以它为主要原料，故也把化妆品称为“胭脂”。虽然后来妇女化妆的染料不再限于红花，但胭脂之名还是沿用了下来。

砚台

yàn tai

砚 台

释义

用毛笔写字时用于盛墨、研墨的文具，多由石头或瓦制成。

辨析

《说文解字》把“砚”说解为“石滑也”，清代段玉裁对它的注释是“谓石性滑利也”，意思是光滑的石头。“砚”后来引申为研墨的文具的意思，因此是石字旁。

起源与演变

早在新石器时代，人们就开始用“研磨器”来研磨调色、绘制图案，这种研磨器被认为是后世砚台的雏形。到汉代时，砚台的制造有了显著发展，不仅有石砚、瓦砚，还有玉砚、陶砚、漆砚等。唐代以后，制砚技术得到进一步发展。好的砚台不仅要挑选优质的材料，还要经过精雕细琢，以期达到实用和美观兼具的效果。到明清时期，鉴赏和收藏砚台在文人中成为时尚，制砚也随之成为一种独特的工艺形式。

【例句】

我国历史上公认的品质极佳的砚台是广东肇庆的端砚、安徽歙县的歙砚、甘肃洮州的洮河砚、山西绛县的澄泥砚，它们被并称为“四大名砚”。

【字里字外】

笔、墨、纸、砚并称为“文房四宝”，是中国书法的必备用具。砚台不仅是文具，还因其质地坚固，传百世而不朽，被历代文人当作艺术品来把玩珍藏。中国历史上有很多文人墨客喜欢收藏砚台，比如唐代书法家柳公权、宋代苏轼、清代纪昀等，都酷爱收藏名砚。

宋代书画家米芾（fú）更可以说是爱砚成痴。

一次，宋徽宗让米芾给新做的屏风题字，并特许他使用自己御案上的端砚。米芾笔走龙蛇，很快就写完了。宋徽宗对他的书法大加赞赏。米芾看徽宗高兴，随即捧着刚刚用过的端砚，跪下向宋徽宗请求道：“此砚台臣已用过，如果再让陛下您用就太不敬了，所以就请您将它赐予我吧。”

宋徽宗听后不禁大笑，再加上确实欣赏他的书法，就高兴地把砚台赐给了他。米芾手舞足蹈地谢恩，然后抱着砚台急步退出，砚台里剩余的墨弄脏了他的衣袖也丝毫不以为意。

米芾爱砚之深，曾抱着心爱的砚台共眠数日。他不仅嗜好收藏各式名砚，而且不断研究，并著有《砚史》一书，对各种砚台的产地、色泽、工艺等都作了详细的论述，为后人留下了宝贵的资料。

驿站

yì zhàn

【释义】

古代供传递官府文书的人或者来往的官员中途换马或休息、住宿的地方。

【辨析】

《后汉书·西域传》中写道："立屯田于膏腴之野，列邮置于要害之路。驰命走驿，不绝于时月。"大意是说存储粮食的粮仓屹立在肥沃的田野上，传递信息的驿站安置在重要的道路旁，受命奔驰的驿马日月不断地传递命令和信息。《说文解字》把"驿"说解为"置骑也"，即驿马，也就是指用来传递官方文书或消息的马，因此"驿"是马字旁。

【起源与演变】

一般认为，商朝中期时就出现了建在道路边兼具旅舍和邮递功能的特殊机构，也就是早期的驿站类设施。从商朝中期算起，到清光绪二十二年（公元1896年）"大清邮政"兴办时为止，驿站在中国有着三千多年的悠久历史。驿站在不同时期有各种不同的名称，如"驲（rì）传""邮驿""传舍""邮亭""驿亭""驿馆""驿舍"等。

【例句】

曲曲折折的路旁，隐现着几多的驿站，是行客们休止的地方。

朱自清《“忆”跋》

【字里字外】

唐杜牧在《过华清宫》中写道：“一骑红尘妃子笑，无人知是荔枝来。”这首诗讽刺了唐玄宗为了博美人一笑，竟然动用为传递军情政令而设的驿站系统，从南方运送荔枝到长安。

古代的驿站，本是统治者为了满足政治军事需要而设立的。但驿道及相关配套设施的修建，却极大地推动了经济的发展，也促进了各城市之间或与其他民族之间的友好往来。

早期的公文和军情，主要靠人步行传递，春秋时期把负责这种工作的机构叫作“邮”。秦始皇统一中国后每十里设一亭，作为基层行政机构，而在交通干线上的“亭”又兼有公文通信功能，被时人称为“邮亭”。汉初“改邮为置”，也就是改人力步行递送为骑马快递，汉代的“驿”已初步兼有迎送过往官员的功能。到了唐代，迎来送往的“馆舍”功能成为“驿”的重要功能之一，因此“驿”又称为馆驿。元代的驿站又称为“站赤”，而“驿站”这个词也从元朝开始在汉语中出现。

我国古代的驿站在各个朝代都有不同的形式和名称。封建君主依靠这些驿站进行信息采集、指令发布与反馈，以期达到更好的统治效果。

岳阳楼 (yuè yáng lóu)

释义

湖南省岳阳市西门城楼。纯木结构，气势雄伟，巍峨壮观。

辨析

“岳”字常常被写错，“岳”表示高山大岭，常用于“五岳”，因此是山字底。

起源与演变

甲骨文中的“岳”字由三部分组成，中间一个小山峦，连接着上下两座大山，就像上下多层山峦连绵起伏的样子。小篆“岳”字，从山，狱声，楷定为“嶽”,《说文解字》说解为“大山也”。后重造从山从丘的会意字“岳”。

字里字外

岳阳楼自古有“洞庭天下水，岳阳天下楼”之誉，与湖北武汉黄鹤楼、江西南昌滕王阁并称为“江南三大名楼”。岳阳楼址，原是三国吴国名将鲁肃在洞庭湖操练水兵的阅兵台。唐朝时建岳阳楼。宋朝时期由滕子京重修，因范仲淹的《岳阳楼记》而闻名天下。

辎重

zī zhòng

释义

外出之人携带的物资，因载于辎车，故有此称。后指装载于车运输的军用器械、粮草等。

辨析

“辎”字指运送重要物资的车子，因此是车字旁。“重”是指重要性，不是指重量。

起源与演变

《字林》将“辎”解释为“前后皆蔽，若今库车有邸曰辎，无邸曰軿（píng），軿车有衣蔽，无后辕，其有后辕者，谓之辎也”，可见，“辎车”还有一个相对应的概念叫“軿车”，“軿车”是仅仅前面有帘子遮蔽，而“辎车”是前后皆有帷幔遮盖，保密性更强，目的就是不让人看到车里的东西，所以车里放着的一定都是很珍贵很重要的物资、装备、粮草等。后有“辎軿”一词，泛指在车箱四周设有布帘屏蔽的车子。

例句

队伍通过我们身旁，长长的一列，最后是辎重队。

杨朔《征尘》

抽象事物

扮相

bàn xiàng

释义

指的是演员化装成戏中人物后的外部形象，后泛指打扮成的模样。

辨析

“相”极易与“象”“像”混淆。它们该如何区分呢？

“相”指外貌、外观，用于“面相”“相貌”等。“相”不光指外形，跟人的内里也相关，所以有“真相”。至于“象”，则有一个有趣的说法。据说古人造“象”字时，根本没见过大象，他是根据大象的骨骼来想象这样一种动物，因此造的这个字是他想象的“象”。记住这个故事，就很容易写对“想象”。再一个是“像”，主要用于比喻，比如“像什么一样”。

起源与演变

《说文解字》把“相”说解为“省视也”，意思是察看、仔细看。后来“相”又引申出了相貌、外貌的意思。我国传统戏曲中常把演员经过化装后所呈现的戏中人物的外貌叫作“扮相”。不同的服饰扮相，用以突出所扮演的戏中人物各自的身份特征。

【例句】

如果是个演员，扮相一定不亚于武生泰斗杨小楼那样威武。

孙犁《秀露集·乡里旧闻》

【字里字外】

戏曲扮相中最重要的内容就是面部化妆。对于不同的行当，面部妆容的要求也不同。

一般来说，“生”“旦”的面部妆容比较简单，着重表现戏中人物面貌的端庄俊秀，叫“俊扮”“素面”或“洁面”。当然，戏曲里的简单化妆也比日常生活中的化妆要夸张复杂得多。“生”“旦”角色的面部化妆大多差别不大，人物的个性主要靠服装和表演等途径表现。

“丑”角常在鼻梁上抹一小块白粉，俗称“小花脸”。而“净”的面部妆容则复杂得多，因其图案复杂、色彩鲜明，也被称为“花脸”。平时人们常说的“脸谱”也多指“净”角的面妆。

每个“净”“丑”人物的脸谱都不尽相同，会参考人物的社会身份和性格特色做出相应的变化。一般来说，脸谱的主色有相对固定的象征意义，用来表现人物的基本性格特征。比如红脸一般表示忠勇耿直、有血性的勇烈人物，代表人物是关羽。又如黑脸既可以表现性格严肃、不苟言笑，如包拯，也可以象征威武有力、粗鲁豪爽，如张飞。再如白脸一般表示阴险奸诈、善用心计，如曹操。

本纪

běn jì

本纪

释义

纪传体史书中帝王的传记，一般按年月编排重要史实，列在全书的前面，在整部书中起总纲的作用。

辨析

注意在“本纪”“纪念”“纪年”“纪元”“纪传”等词中只能用“纪”，不能用“记”。

起源与演变

《管子·问》“凡立朝廷，问有本纪”中“本纪”就是根本纲纪的意思，整句话是说凡主持朝廷政事，进行调查要遵守一些根本原则。《三国志·蜀志·秦宓传》中写道：“民请为明府陈其本纪。”此句中“本纪”的意思是始末原委，整句话的大意是：我请求为您讲一讲益州的源流始末。唐代刘知几在《史通·本纪》中写道：“及司马迁之著《史记》也，又列天子行事，以本纪名篇，后世因之，守而勿失。”这句话的大意是说，到了司马迁写《史记》时，用本纪来记载历代帝王世系与国家大事，后世史书大多沿用这一体例。“本纪”也成为我国古代史书的文体之一。

【例句】

有些史书中的本纪，是很好的传记文学作品，如《史记》中的《项羽本纪》。

【字里字外】

司马迁撰写的《史记》，是我国第一部纪传体通史。全书共一百三十篇，其中本纪十二篇、世家三十篇、列传七十篇、表十篇、书八篇。司马迁参考之前的典籍，并根据实地采访考察搜集到的资料，记载了上起黄帝时期，下到汉武帝时期这三千多年的历史。

"本纪"，或简称"纪"，一般按年月次序记载历代帝王的生平事迹，是《史记》的总纲。《史记》的十二本纪中，《项羽本纪》和《吕太后本纪》比较特殊，因项羽和吕后并非帝王，只是因其权力与帝王相当而被编入。

"世家"专门记载诸侯世系和特别重要人物的生平事迹。

"列传"则记载王侯以外其他各方面代表人物的生平事迹或是少数民族及周边国家的传记等。

"表"将人物及事件按时代纵横排列，显示史事脉络，分为世表、年表、月表。

"书"专门记载制度发展，涉及礼乐制度、天文律历、社会经济、河渠地理等方面的内容。

嫡系

dí xì

【释义】

宗法制度下指家族的正支。也指一线相传的派系；亲信派系。

【辨析】

人们常把“嫡系”的“嫡”字写错。“嫡”是形声字，义从女，本义是“奴隶社会、封建社会中的正妻”，所以“嫡”是女字旁；而音从“啇”（dí），因此“嫡”字的右边是“啇”而不是“商”，相似的其他字如“滴”“嘀”“镝”等都是一样。

【起源与演变】

嫡是指“正妻”，从血缘关系上来看，嫡出是正妻所生的子女，而庶出是妾室所生的子女。引申到其他领域，比如军队或政府当中，嫡系是指政治集团的各派系中由首脑人物直接控制的派系。

【例句】

友军自私，各不相顾。杂系和嫡系待遇不同。杂系挡头阵，嫡系督后队。

郭沫若《洪波曲》

【字里字外】

一夫一妻多妾的制度，妻妾之间的地位并不平等，这种差别就是嫡庶之分。嫡是指正妻及其所生子女，庶指姬妾及其所生子女。嫡庶的差别在唐宋以前比较重要，经元明清而逐代减弱，但嫡庶有别仍然是一种深入人心的观念。

在古代，正妻的地位最高，娶妻的仪式也非常隆重，周代周天子娶妻前后历时一年多，诸侯则超过半年。后世娶妻仪式虽然简化，但仍包括聘书、礼书、迎书三样文件，称为“三书”，经过纳采、问名、纳吉（又称过文定）、纳征、请期（又称乞日）和亲迎（或迎亲）六个步骤，称为“六礼”。除正妻以外的其他配偶就是庶妻，但通常称作姬妾，按地位从高到低有媵（正妻的同族陪嫁女子）、妾的区别，另外亦会有一些没有经过正式婚姻仪式的女性，多为婢女或妓女等，有时也被称为妾，或称侍妾。

“嫡长子继承制”是我国古代宗法制度最基本的一项原则，即王位和财产必须由嫡长子继承，嫡长子是嫡妻所生的长子。这一原则在皇位的继承上体现得尤为明显，所谓“立嫡以长不以贤，立子以贵不以长”。前一句意思是说，王位的继承人必须是自己的嫡亲长子，不管他是否贤能，后一句是说，王位的继承人都是自己嫡亲的儿子，但不是同一个母亲所生，这个时候应该由母亲身份最尊贵的儿子来继承皇位，如果皇后（嫡妻）有儿子，理所当然是皇后的儿子，如果皇后没有儿子，就立妃嫔中身份最高一人的儿子为太子。

端（duān）倪（ní）

释义

事情的眉目；头绪；边际。也指推测事物的始末。

辨析

“倪”不可读作去声；“倪”的右半边是兒（“儿”的繁体），左半边为单人旁，不可写作“睨”（nì，斜着眼睛看）。

起源与演变

“倪”是形声字，《说文解字》解释为“从人，兒声”，引申为头、头绪。“端”的本义是东西的头，引申为事情的开头、原因、起因。因此“端”和“倪”结合起来仍然是事情的眉目；头绪；边际的意思。此外，端倪还可以做动词，表示推测、捉摸（事情的始末）。

例句

把烟喷成一个个的圆圈儿，让它们在空中滚着。于是我的没端倪的思想就会跟着那些烟云曼衍着，消隐着，又显现着。

施蛰存《赞病》

fān hào
番号

释义

部队的编号。

辨析

“番号”的“番”字容易写错，需要注意，“番”字的上面并不是“采”字，而是“釆”。同样的情况还有“播”“藩”“翻”等。

起源与演变

《说文解字》：“兽足谓之番。从釆；田象其掌。”清代段玉裁对此进行了进一步说明：“下象掌，上象指爪，是为象形。”“番”是合体象形字，上面的“釆”本义是辨别、分辨。下面的“田”指兽的足。也有人认为上面表示兽足的爪子，下面表示兽足的脚掌。另一种说法有细微的差别，说上面的“釆”表示野兽的足掌和爪，下面的“田”表示兽足踩出的印子，指田地上兽的足迹。

我们熟悉的“番”一是用于量词，比如“一番天地”“别有一番滋味”；二是旧时用于对西方边境少数民族和外国的称呼，比如“番邦”。

【例句】

笔迹是生疏的，寄信的番号却是我儿子的。

杨朔《海天苍苍》

【字里字外】

“番号”一词是怎么来的呢？有一种说法是和古代域外使节朝拜有关。

中国古代称外国为“番”（如“土番”“番邦”），出于表示尊敬、臣服等原因，这些番邦会派使节来拜见皇帝。众多番邦使节云集朝堂之上，可是皇帝并不一定认识。为了便于皇帝逐一认识交谈，负责典礼的大臣就将各位使节分列成左右两行，皇帝按照先后次序，先同左边第一位使节寒暄交谈，接着再与右边第一位使节寒暄交谈……依此类推。皇帝每次和使节交谈之前，典礼官都会报告这些番邦国家的称号，即所谓的“番号”。由于皇帝用左右交替的办法完成和外国使节见面交谈这一重要礼仪程序，番号就有了依次编号的意味，而在现代汉语中，番号一般特指部队的编号。

部队的番号主要是指按照部队的性质、编制序列和数字顺序授予的部队名号，如第二炮兵第一师。新中国成立以后，部队番号一般属于军队机密，仅限于内部掌握使用。对外公开的只是代号。如著名的8341部队就是中央警卫团的代号。从2013年1月15日开始，中国人民解放军陆军集团军番号可以对外公开使用，陆军的番号不再以“某”替代。

梗概

gěng gài

释义

大概、大略的内容。

辨析

"梗"是指某些植物的枝和茎，枝茎构成了植物的框架结构，引申出"大概"之义。"概"是大略、大体之义。

起源与演变

"梗"和"概"最初都同木有关，因此是木字旁。

"概"的本义是称量米粟时刮平斗斛，使米粟不满出来的木板，"斗"和"斛"都是古代量器名。"概"的引申义有多种，《史记·伯夷列传》"其文辞不少概见"中的"概见"意为概略的记载，《汉书·杨敞传》"凛然皆有节概"中的"节概"形容一个人有操守和气概。

"梗"的本义是植物的枝茎。枝茎具有直的特点，因此引申有挺直的意思，如"梗着脖子"就是挺直脖子的样子；还可引申为"强硬，勇猛"的意思，如"这个人性格特别梗"。而"梗梗"形容正直坚定，"梗塞"是堵塞、阻塞之义。

【例句】

《钢铁是怎样炼成的》一书的梗概，是介绍苏联残疾青年保尔·柯察金不畏艰苦、不怕困难、顽强奋斗的一生。

【字里字外】

“木”的甲骨文形似一棵树，上面是枝叶，下面是树根，本义就是树的意思。

“木”既是一个字，也是一个部首，以“木”为部首的字本义大都和树有关。有的表示树木的种类或果实的名称，如“梅”“梨”；有的表示树木的部位名称，如“枝”“株”；有的表示木制器物，如“桨”“棺”；有的表示和树木相关的形容词，如“枯”“槁”。“槁木死灰”就是干枯的树木和火灭后的冷灰，形容心情非常消沉，对一切事情无动于衷。

有一些字本义和树木有关，现在常用其引申义或假借义。比如“权”的本义其实是黄花木，现在多为“权力”之义；“横”的本义是门框下的横木，现在为“横向”之义；“朴”的本义是没有经过加工的木材，现在的常用义是“朴素”；“极”的本义是房屋的正梁，后来引申为最高的地位、最高处、极限等，古时帝王即位执政就叫作“登极”（登基）；“校”（jiào）本义是古代的刑具，是枷械的统称，现在多用于“校对”，是改正、订正的意思。

瓜葛

guā gé

释义

瓜和葛都是蔓生的植物，能缠绕或攀附在别的物体上，比喻辗转相连的社会关系，也泛指两件事情互相牵连的关系。

辨析

“葛”字容易误写。“葛”是指一种多年生的蔓生植物，即葛麻，它的根可以用于制作淀粉，茎皮可以用于制作葛布，是一种很有用的草本植物，因此是草字头。

起源与演变

“瓜”字的金文字形，像瓜蔓上长了一个很大的瓜。有一个很形象的词叫顺藤摸瓜。葛是豆科多年生草本植物，茎长两三丈，缠绕在他物上。

瓜有瓜秧，葛有葛藤，它们都是藤蔓植物，藤蔓比较长且互相牵扯拉拽，缠绕在一起，因此“瓜葛”引申为辗转牵连的亲戚关系或社会关系。又因为互相缠绕，互相牵扯，分辨不清，所以又引申为纠缠、纠纷，也泛指两件事情互相牵连的关系。

【例句】

他洁身自好，不曾与任何人有利益的瓜葛。

【字里字外】

在生活资料匮乏的遥远古代，在棉花还没有被引入中国之前，葛、麻等植物的茎皮纤维都会被提取，用来织布做衣。

那时，丝和动物皮毛都是贵重的衣料，往往只能被贵族们享用。坐肥马，穿动物皮毛制作的裘衣，是权贵们过的一种豪华生活。但是，普通的劳动人民可穿不起那些昂贵华丽的丝衣和裘袍，只能穿用麻、乱毛、葛编织而成的衣物，这些织品大都比较廉价粗糙。

在古代，用葛的纤维制成的布叫作葛布，葛布质地细薄，很凉爽，一般在夏天穿用。葛制的鞋子叫葛屦，也是在夏天穿用。有一个词语叫作“葛屦履霜”，就是指冬天穿夏季的鞋子，比喻非常俭啬。辛弃疾《水调歌头》中有“一葛一裘经岁，一钵一瓶终日，老子旧家风”的词句，“葛”是葛布，“裘”是裘袍，钵和瓶都是和尚的饮食用具，这一句的意思就是一件夏衣和一件冬衣度年，一钵一瓶过每日，我的旧家风，形容家境的贫寒。

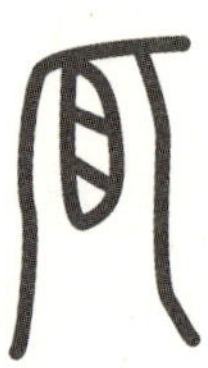

金文中的“瓜”字

小篆中的“葛”字

kè zhàn
客栈

释义

设备简陋的旅馆，有的兼供客商堆货并代办转运。

辨析

“客栈”中的“栈”字容易写错或读错。“栈”是古代留宿客商或储存货物的木屋，因此是木字旁。“栈”的右边是“戋”，而不是“戈”。还需要注意的是，“栈”字读作zhàn，而不是jiàn或qiān。

起源与演变

《说文解字》中把“栈”说解为“棚也。竹木之车曰栈”。本义是简易的棚屋，竹木造的车叫“栈”。可以看出，带“栈”的词本义常常和木有关。如“栈车”指的是用竹木造的车，“栈道”指的是在悬崖绝壁上用木头修建而成的路。

例句

北京城里，连饭店客栈中，都满布了侦探。

鲁迅《伪自由书·〈杀错了人〉异议》

【字里字外】

客栈是以前人们对旅馆的一种称呼。因为古时候人们远行主要是靠步行或是乘马车，因此，客栈主要出现于道路两旁。起初客栈设备比较简陋，只提供基本的食宿，让旅客可以有落脚的地方。现在的许多影视作品中，我们可以看到，当有客人来时，客栈的小二通常会问一句：“客官，请问您是打尖还是住店？”“打尖”指的是稍事休息，吃些食物酒水，而住店则是在客栈中过夜，可见“食”与“宿”是客栈提供的基本服务。当然，随着客流量的增大，客栈也逐渐增多，而且增加了很多功能，既能供客人消遣，还能为往来的商人提供货物的储藏、代办转运等服务。

据考证，中国的旅馆早在商朝就出现了，不同时期、不同性质的旅馆有不同的叫法。《周礼》中记载，在都城以外的大道上，每十里设“庐”，每三十里设“路室”，每五十里设“候馆”，供过路的宾客休息或食宿。秦汉时期，设立的“驿传”，供传送邮件公文和来往官员居住。晋朝的时候，京城到各州的驿道每四十里有一个“驿”，每二十里有“亭”，不仅供过往官吏食宿，而且也对百姓开放。这些几乎都是官办的旅馆，当然也有民办的旅馆。南北朝时，出现了一种新兴的旅馆“邸店”，是供客商食宿、存货和交易的场所。到了宋代，旅馆多称为“馆”，如“四方馆”“同文馆”“来宾馆”等，并出现专为客商存货的货栈。明代时，北京还设置有“四夷馆”，招待国内各民族和外国使者。

在古往今来的客栈中，最著名的客栈当属“悦来客栈”了，在金庸、古龙笔下的许多武侠作品中，都能见到它的身影，有人戏称它为“武林第一大连锁客栈”。

梦魇

mèng yǎn

释义

俗称鬼压床，指在睡眠时，因梦中受惊吓而喊叫；或觉得有什么东西压在身上，不能动弹。也常用来比喻经历过的可怕的事情。

辨析

“魇”容易误读为yàn。“魇”从鬼，厌声。“厌”在现代读为yàn，但在古代读作yǎn，因此，“魇”的正确读法应为yǎn。

起源与演变

“梦”的甲骨文字形像人依床而睡，而手在舞动，表示神有所遇，即做梦。《说文解字》将“魇”解释为“梦惊也”。古人认为梦魇是魂魄外游，被鬼邪侵入导致的。所以“魇”字从鬼，也称为“鬼魇”。《正字通》:“人气室，心惧神乱则魇。”是说如果一个人在睡觉时突然呼吸不畅，心神混乱，就是梦魇了。

例句

一切梦魇似的都市的精怪，毫无怜悯地压到吴老太爷朽弱的心灵上。

茅盾《子夜》

【字里字外】

清蒲松龄《聊斋志异·续黄粱》记载过一个与梦魇有关的故事。

从前有一位姓曾的孝廉，在会试之后，和朋友一起前去郊游。他们听闻附近佛寺中有一算命先生，便一同前去算卦。曾孝廉问算卦先生："你看我有没有做高官的福分呀？"算卦先生奉承了几句："你将来会做二十年的太平宰相。"曾孝廉听闻之后得意扬扬地对同伴们说："等我做了宰相，就推荐各位做官。"说完，大家都笑了起来。

这时，适逢天下大雨，曾孝廉便与同伴们在屋中避雨。曾孝廉有些许困倦，不觉入眠。在梦中，他忽见两人召他入宫，原来他已经位居太师一职，皇上器重。皇帝赐他蟒服、玉带，许他随意升降三品以下官员的特权。待他从宫中回家，发现宅子富丽堂皇，满朝文武大臣纷纷前来拜会，争先恐后地向他进献各种奇珍异宝。

曾孝廉现在的地位今非昔比，日渐骄纵。仗着权势，他霸占良田，抢占民女，卖官鬻爵，荒淫无度。朝中官员对他的不满与日俱增，纷纷弹劾他胡作非为，作威作福。结果皇帝一怒之下，抄了他的家，将他发配充军。谁料，途中窜出一伙盗贼，大喊道："我们都是被你陷害的良民，你这奸贼，拿命来！"手起刀落，曾孝廉的魂魄坠入地府。在尘世作恶的他受尽上刀山下油锅等刑罚之苦。

好不容易曾孝廉得以转生，化为女婴，没料到却又一生悲苦。小时乞讨，长大被卖为小妾，丈夫被人杀，自己被冤枉为凶手，遭到严刑逼供，被判罚死刑。她心中怨恨难消，大声喊冤："民女冤枉呀，阴曹地府都没这衙门黑暗！"

正痛哭之时，忽然听见旁边有人喊道："曾兄，你梦魇了？"曾孝廉随之从梦中惊醒，这才发现刚才的荣华富贵、悲惨人生只不过是一场噩梦而已。

盘缠

pán chan

盘缠

释义

路费。

辨析

“缠”本来是阳平，但在“盘缠”一词中，应读成轻声。同时也应该注意，“缠”字右边并不是“厘米”的“厘”，而是比“厘”多一点。

起源与演变

“缠”从糸（mì），说明“缠”的意思和“糸”有关。“糸”是个很常见的部首，汉字简化后变成“纟”，俗称“绞丝旁”。带“纟”的字本义大多都与丝线、纺织、布匹有关，例如“线”“经”“纬”“绑”“纹”等。我们可以联想，缠绕东西需要用到线、绳，所以“缠”也带绞丝旁。

例句

你问我借盘缠，我一天杀一个猪还赚不得钱把银子。

吴敬梓《儒林外史》

【字里字外】

汉字中与钱有关的字多为“贝”字旁，但“盘”和“缠”二字都和钱扯不上关系，为什么合起来指路费呢？

要想弄明白这一点，我们先要了解古代的货币。我们都知道，古人用的货币是金、银、钱币（主要是铜钱）。

普通老百姓几乎用不到金银，主要使用的还是铜钱。古人把铜钱戏称为“孔方兄”，因为铜钱外圆内方，中间有孔。为了使用方便，古人常常用绳索将一千枚钱币穿在一起，为一贯钱或一吊钱。由于成串的铜钱非常笨重，不便于携带，所以出门办事的人习惯于将钱盘起来、缠在腰间，又方便又安全，因此得名“盘缠”。

由此我们也可以想见，纸币使用起来比金属钱币方便许多，纸币的发明是历史的必然。

后来，经过演变和发展，盘缠也不仅仅指路费，也可以指代生活费、花费乃至钱财。

甲骨文中的“贝”字

金文中的“贝”字

小篆中的“贝”字

小篆中的“缠”字

pò zhàn
破绽

释义

衣物的裂口。比喻说话做事时露出的漏洞。

辨析

“绽”最初是指纺织物衣服破了，所以是绞丝旁。

另外需注意以“定”作声旁的几个常用字并不一定都念dìng：“绽”读作zhàn；“一锭银子”的“锭”和意思是屁股的“腚”读作dìng；“沉淀”“淀粉”的“淀”念diàn。

起源与演变

《礼记·内则》中记载：“衣裳绽裂。”“破绽”原来是指衣被靴帽等的裂口，后来引申为抽象意义上的“裂口”，即漏洞。

例句

做作的写信和日记，恐怕也还不免有破绽，而一有破绽，便破灭到不可收拾了。

鲁迅《三闲集·怎么写》

果然照着周升主意办理，倒也没露破绽。

吴趼人《糊涂世界》

杀手锏

shā shǒu jiǎn

释义

“锏”指的是古代的一种兵器，像鞭，四棱。旧时小说中指厮杀时出其不意地用锏投掷敌手的招数，比喻最关键的时刻使出的最拿手的本领。

辨析

“杀手锏”中的“锏”读jiǎn。读jiàn时指车轴上的铁条，用以减少轴与毂之间的摩擦。

起源与演变

“锏”指的是一种像鞭的兵器，其特征是“有四棱，上端略小，下端有柄”，故而有“三股叉，四棱锏”之说。“杀手锏”原本并不是一个词，而是隋唐英雄秦琼的家传武功秦家锏法中最后使出来的，也是最厉害的一招，后引申为留一手的、很致命的武器。以后逐渐演化成能够有效解决问题的手段、应对困难的方案，都可以叫杀手锏。

例句

因为它有靠山：一是茧厂规定洋种茧价比土种贵上三四成；二是它有保护，下了一记“杀手锏”，取缔土种。

茅盾《陌生人》

社稷 (shè jì)

释义

社，土神；稷，谷神。古代帝王、诸侯所祭的土神和谷神，后用以借指国家。

辨析

“稷”本义是一种谷物，因此是禾字旁，右边的“畟”是声符，表示读音。

起源与演变

《说文解字》把“社”说解为“地主也”，并非现在常说的地主老财，而是指土地神，后来人们把祭祀土地神的地方也称为“社”。古代社会凡是有土地的地方都可以立社祭神，于是就衍生出一系列相关词语。比如，“社日”即古时祭祀土神的日子，后逐渐演变成为我国古代睦邻欢聚的日子，一般在立春、立秋后第五个戊日，在这一天里有许多欢庆活动，如“社戏”“社火”。后世逐渐演变为共同工作或生活的一种集体组织或民间团体，如“报社”“通讯社”“合作社”等。现代生活中的“社会”一词，也与社日活动有关。

例句

足下能肩此重任，真是社稷之福！

陈白尘《大风歌》

字里字外

“社稷”这个词反映了我国古代以农立国的社会性质，是中华民族农耕文明的一个缩影。

“稷”是一种古老的农作物，中国古代是农业社会，祭祀天地要拿谷物来祭祀，“稷”就作为五谷之首被搬上祭坛，并成为五谷之神。

另外，农作物的生长离不开土地，所以先民们还要祭祀土地神，于是“社”与“稷”这两个词就被联系起来了。《周礼·春官·大宗伯》“以血祭祭社稷，五祀五岳”中的“社稷”，是指土谷之神。

《孟子·尽心下》中有言：“民为重，社稷次之，君为轻。”意思是劝谏称王为帝的人，应该以人民为最重，要爱民如子，倾听民声。其次才应该关心社稷，也就是庄稼收成，因为在农耕社会，田地里的收获与人民的生活息息相关，没有粮食，人民就会流离失所，导致国家的灾难。而在这之中，最不重要的就是君王本身，君王应当勤于政务，不能耽于享乐或随意耗费民力。这种君主应当为人民服务的思想，在两千多年前就能够被提出，是十分难得的。

由于土地和粮食是国家之根本、民生之所在，所以社稷便慢慢成为国家的代称。常用于“社稷重臣”“危害社稷”等。

陷阱

xiàn jǐng

释义

本义用以诱捕野兽的坑穴。比喻使人受骗上当的圈套。

辨析

“阱”字通常被错写为“井”。“井”虽然也有深坑的意思，但通常指的是能取出水的深洞。“陷阱”本义指的是为捕捉野兽或为擒敌而挖的坑穴，上面浮盖着伪装物，踩到上面就会掉到坑里，“阱”是一个形声字，从“阝（阜）”表示与地形地势的高低上下有关。

另外需要注意，“陷”不要误写为“馅”。

起源与演变

《汉书·食货志》下中有“使入陷阱”。“陷阱”一词中的左耳旁其实是“阜（fù）”的变形，“阜”作左边偏旁时在楷书中写成“阝”，本义为土山，用以表示地势或升降等意义。

例句

比萨罗的军队却是全副武装，事先设好陷阱。

周而复《印第安人》

yàn yǔ
谚语

释义

一种在人民群众中广泛流传的固定语句，它往往用简单通俗的话反映出深刻的道理，如“三个臭皮匠，赛过诸葛亮”等。

辨析

《说文解字》中有“谚，传言也”的说法，意思是说“谚”指的是口耳相传的话语。“谚”和语言有关，所以是言字旁，读作yàn。

起源与演变

南朝梁宗懔在《荆楚岁时记》中写道：“十二月八日为腊日。谚语：‘腊鼓鸣，春草生。’”明唐顺之在《又与洪方洲书》说：“近来觉得诗文一事只是直写胸臆，如谚语所谓‘开口见喉咙’者。”其中“腊鼓鸣，春草生”和“开口见喉咙”都是当时流传的谚语。

从原始社会开始，一直到近现代，各个时期都会有不同的谚语产生。谚语一般在广大人民群众中间口头流传，但有些产生于古代的谚语，因为流传甚广，也会被记录在某些古代典籍中，并渐渐成为现代常用的成语，如“宁为鸡口，无为牛后”“利令智昏”等。

【例句】

觉英却在旁边笑起来，一面背诵谚语挖苦淑华道："大懒使小懒，小懒使门槛，门槛使土地，土地坐到喊！"

巴金《秋》

水滴积多盛满盆，谚语积多成学问。

【字里字外】

谚语是劳动人民经过长期的生活实践，用简练生动的语言把经验、知识、道德等总结而成的民间格言。

谚语内容包罗万象，涉及诸如农业、社会、家庭、卫生、处世、道德等方方面面的内容，比如"今冬麦盖三层被，来年枕着馒头睡"是关于农业的谚语；"冬吃萝卜夏吃姜，不用医生开药方"是有关卫生的谚语；"世上无难事，只怕有心人"是有关学习的谚语等等。

由于时代和地域的局限性，某些谚语会带有一定的时代性或地域性。比如"立冬有雨防烂冬，立冬无雨防春旱"是闽南地区的谚语，放到其他地区可能就不太合适。

和成语一样，谚语也是熟语，不过它与成语有比较明显的区别。从来源上看，成语多数来自古代文献，而谚语则来自民间，由群众口头流传。从形式上看，成语多是四字格，大多不能独立使用，只能做句子的某个成分；而谚语则更加灵活自由，几个字的都有，一般都是短句，可以独立使用，基本不会充当句法成分。从内容上看，成语意思大多比较含蓄；而谚语的意思则相对比较直白明确，光看字面就可以理解。

糟粕

zāo pò

释义

酒糟、豆渣之类的东西。比喻粗劣而没有价值的东西。

辨析

“糟粕”两个字都容易写错，“糟粕”原指造酒剩下的酒糟，而古人酿酒需要用到粮食，所以是米字旁。需要注意，“粕”字的读音是pò，而不是pó、bò或bó。

起源与演变

“糟”和“粕”都是指造酒剩下的渣滓。《说文解字》中对“糟”和“粕”的解释都是“酒滓”，这两者对人用处不大。所以“糟粕”引申为粗劣而没有价值的东西。又如“糟糠”指的是米糠和酒糟等粗劣的东西，比喻废弃无用之物，也指代共患难的妻子，而“油粕”指榨油剩下的渣滓。

“糟”和“粕”的区别有不同的说法，例如许慎注解《淮南子》的时候说“粕，已漉粗糟也”，意思是说粕是已经过滤的粗糟，也有说法说沉底的酒滓叫“糟”，漂浮的酒滓叫“粕”。

【例句】

得其精华而去其糟粕，举笔为文，洒洒自远。

戴名世《〈己卯墨卷〉序》

【字里字外】

王安石有一首非常著名的诗叫《读史》：

自古功名亦苦辛，行藏终欲付何人。

当时黮黯犹承误，末俗纷纭更乱真。

糟粕所传非粹美，丹青难写是精神。

区区岂尽高贤意，独守千秋纸上尘。

这首诗的大意是说：自古以来功成名就的人都是经历了千辛万苦，而他们的事迹最后会由谁来记载呢？当时的人尚且难以弄清，后世更是众说纷纭，看不清历史真相了。史书上流传下来的也有糟粕，记录下历史事实就如同绘画之中画出人物精神一样困难。有限的记载怎能把古代先贤的思想真实地表现出来？而总有些人就是死守典籍，不肯醒悟。

“糟粕所传非粹美，丹青难写是精神”是全诗的诗眼，历史从来都是难以说清的，即便是在当时也是非难辨，何况在遥远的后世呢？王安石不只是在替古人感慨，也是表达了自己的心迹。王安石是一位锐意进取的改革家，他推行新政，却遭到失败，他知道那些守旧势力一定会极尽所能地诋毁他，正史也许不能给他一个公正评价。这首诗也提醒我们研究历史的时候要有怀疑的精神和自己的判断，尽信书则不如无书。

zhá jì
札记

释义

读书时摘记的要点和心得。

辨析

人们常把“札记”的“札”字读错，“札”的读音是zhá，而不是zhā、zā或zá。“札”原指古时候用来写字的小木片，所以是木字旁。

起源与演变

远古时代，人们将文字刻在动物的甲骨或者铸刻在金属器物上，于是有了甲骨文、金文、铭文。但是，这种书写方式非常不方便，后来人们发现，竹片耐潮耐温，虽不如甲骨、铜器牢固，但在竹片上书写，方便高效，于是有了竹简。再后来，人们又发现，木片虽不如竹片那么耐潮耐蚀，但在木片上书写更为方便，重量更轻，易于携带，于是有了“札”和“牍”。所以用竹片书写的叫“简”，用木片书写的叫“札”或“牍”，若干“简”或“札”编缀在一起叫“册”。

【例句】

绩学之士，读书必有札记，以记所得著所疑。

徐特立《国文教授之研究》

【字里字外】

古人写札记跟我们现在说的读书笔记差不多。札记的内容、形式因人、因读书目的而异。有的侧重记录原始资料；有的侧重记录心得，重在发挥己见；有的分门别类，抄录精要；有的综合各说，著述阐释。读书时，把书中的原文、要点、自己的心得、观点、疑问或随笔等记录下来，是一种非常有效的读书方式和学习习惯。

历代学术大师都非常重视这种方法。例如宋代的大学者、理学创始人之一的张载说："义理有疑，则濯去旧见，以来新意；心中苟有所开，即便札记。"根据另外两位理学创始人程颐和程颢记载，张载在写他的哲学著作《正蒙》时，"处处置笔砚，得意即书"。

许多大儒们的札记，本身就是了不起的学术著作。例如明末清初的大思想家顾炎武在读书时一有所得，就记录下来，最后形成了三十二卷本的《日知录》。另一位学者潘耒在《日知录序》中评价："先生非一世之人，此书非一世之书。"意思是顾炎武和这部书都会流芳后世。事实也的确如此。比如我们现在经常说的"天下兴亡，匹夫有责"就出自其中。又如清代的史学家赵翼的《二十四史札记》，是清代三大史学名著之一。

zhēn jiǔ
针灸

释义

中医的一种治疗方法，针法和灸法的合称。针法是把针具按一定穴位刺入患者体内，用捻、提等手法来治疗疾病。灸法是把燃烧着的艾绒按一定穴位靠近皮肤或放在皮肤上，利用热的刺激来治疗疾病。

辨析

灸读jiǔ，不读jiū，上半部分是永久的久，是形声字，不可写成“炙”（烤、烤肉，所以是月字头）。

起源与演变

针灸是中医针法和灸法的总称。

“针”是指以针刺治病。针刺疗法是在中医理论的指导下把针具（通常指毫针）按照一定的角度刺入患者体内，运用捻转与提插等针刺手法来刺激人体特定部位从而达到治疗疾病的目的。刺入点称为人体腧（shù）穴，简称穴位。

“灸”《说文解字》说解为“灼也”。本义是用艾火烧灼。灸法是以预制的灸炷或灸草在体表一定的穴位上烧灼、熏熨，利用热的刺激来预防和治疗疾病。通常以艾草最为常用，故而称为“艾灸”，另有“隔药灸”“柳条灸”“灯芯灸”“桑枝灸”等方法。

【例句】

针灸是一门古老的医学技艺，具有悠久的历史，是中国传统医学宝库中的宝贵遗产。

【字里字外】

西晋时候有个人叫皇甫谧，年幼时父母双亡，由叔父和婶婶养大。他二十岁时才开始发奋读书，却逐渐变得学识渊博，在文学上也有很高的成就。

四十岁时，他患了风痹病，十分痛苦，在学习上却仍是不敢怠慢。在生病期间，他自读了大量医书，尤其对针灸学十分有兴趣。但是随着不断深入研究，他发现以前的针灸书籍深奥难懂，同时又存在很多错误，于是通过自己的学习体会，摸清了人身的脉络与穴位，结合已有的医学著作，悉心钻研，著述了我国第一部针灸学的著作——《针灸甲乙经》。

该书除了论述有关脏腑、经络等理论，还记载了全身穴位六百四十九个，穴名三百四十九个，并对各穴位明确定位，对各穴的主治疾病、针灸操作方法和禁忌等都做了详细描述，并一一纠正了以前的谬误。这本书成为历代学者研习针灸学的必读课本，可以说是针灸学的集大成者。

箴言

zhēn yán

箴 言

【释义】

规劝、劝诫的语言。

【辨析】

人们常将“箴言”误写为“真言”。其实，“箴言”并非真实的语言或者真理一般的语言。“箴”的本义是古代的竹针。

【起源与演变】

“言”，有口才能言。甲骨文“言”字下像舌从口中伸出，上面有一横，表示言从舌出。“箴”从竹，咸声，《说文解字》说解为“缀衣箴也”。“箴”的本义是缝衣服用的竹针。《礼记》中有“衣裳破绽，纫箴请补缀”，说的便是衣服破了，就用针缝好。“箴”也用作“箴石”，指的是针灸用的针形工具。后来从针刺发展出提醒、规劝、劝诫的意思，劝诫如针刺，虽有痛感，但让人警醒。

【例句】

慈母多败儿是我国古代流传下来的家教箴言。

【字里字外】

“箴”除了有劝诫的意思外，还是用于规劝、告诫的一种文体。

明徐师曾在《文体明辨序说》中指出，“盖医者以箴石刺病，故有所讽刺而救其失者谓之箴”。“箴”同“针”。意思是说医生用针灸刺人的穴位来治病救人，就像人们用讽刺性的、有点扎人的语言来劝诫他人，让人认识到自己的错误。所以“箴”发展出了劝诫的意思，并成为规劝、劝诫的一种文体。

“箴”作为规劝性质的文体，和同类文体“铭”，被人们统称为箴铭。都用来在品德、行为方面进行规劝、劝勉、警戒。

在《文心雕龙·铭箴》中，对铭和箴的起源、发展到衰落进行了介绍。箴与铭都是韵文，它们的主要区别在于铭原初是刻在器物或者碑石上的，用于劝诫，也用于褒赞。比如唐刘禹锡的《陋室铭》。而箴的载体与铭不同，而且全是用于警戒规劝，语言多含讽刺，针砭时弊。唐韩愈就写下了《五箴》用以抒发自己怀才不遇，控诉黑暗现实，讽刺权贵昏庸。

小篆中的“箴”字

隶书中的“箴”字

生物活动

嗷嗷待哺

áo áo dài bǔ

【释义】

饥饿时急着找食物的样子，后也指新生事物亟待支持、帮助，也可用来形容婴儿刚出生时期待母亲哺育的样子。

【辨析】

“嗷嗷待哺”中的“嗷嗷”应读阳平，不要误读作阴平。“哺”的意思是哺育、喂养，读音为bǔ，注意不要误读为pǔ或fǔ。

【起源与演变】

“嗷嗷”指的是哀鸣声。《诗经·小雅·鸿雁》中有“鸿雁于飞，哀鸣嗷嗷”的句子，意思是鸿雁边在天空中飞，边发出阵阵哀鸣声。北宋穆修《穆参军集·二·上监判邢郎中书》中有“一家贫寄京师，薪米不给，老幼数口，嗷嗷待哺”之句。“嗷嗷待哺”的意思是饿得发出嗷嗷的哀鸣，渴望获得食物。后世由此义又引申出了新生事物亟待帮助的意思。

【例句】

每周的杂志，也好像嗷嗷待哺的雏鸟一样，要等我做文章呢。

郭沫若《歧路》

翱翔

áo xiáng

翱 翔

释义

鸟回旋飞翔，也比喻自由自在地遨游。

辨析

“翱”字比较难写。“翱”是形声字，意思是鸟儿展翅飞，因此以“羽”为部首。注意：“翱”不可误写为“遨”，后者是走之部，和行走有关，如“遨游”。

起源与演变

“翱翔”一词多用来形容飞翔能力较强的鸟儿，比如鹰、雕，带有志存高远的感情色彩。《宋玉对楚王问》中有“凤凰上击九千里，绝云霓，负苍天，足乱浮云，翱翔乎杳冥之上”之句，意思是说凤凰一飞冲天，翱翔在极远的高空。苏轼为韩愈庙撰写的碑文“追逐李、杜参翱翔”，是赞誉韩愈的诗歌成就极高，可以同李白和杜甫比翼高飞。“逍遥乎文雅之囿，翱翔乎礼乐之场”，在文雅的园囿里逍遥，在礼乐的场圃里飞翔，也是古代文人所追求的高尚情趣。

【例句】

空军飞行员驾驶着新式飞机，翱翔在祖国的万里蓝天。

【字里字外】

“羽”的甲骨文字形很像鸟的长翎，因此它的本义就是鸟的长毛。以“羽”为部首的字大多和羽毛有关。

“翱”和“翔”都指鸟飞，而字义却略有不同。“翱”是指鸟儿翅膀上下振动回旋地飞，“翔”是指鸟儿翅膀平直不动盘旋地飞。

“翘”现在取义多是昂起，其实它的本义是鸟尾上的长羽，且读音也不是去声，而是读qiáo。比如，古代女子的饰品“翠翘”是一种像翠鸟尾羽的饰品，“翘英”是指华丽的尾羽。

“翻”的本义也是鸟飞。在古文中“翻泊”指或飞或止，“翻翔”是飞翔，“翻簸”为飞驰。唐代诗人王维的《辋川闲居》中有“青菰临水映，白鸟向山翻”的诗句，意思就是茭白倒映在清冽的水中，白鸟翻飞于苍茫的山间。

《说文解字》中有“雄赤曰翡，雌青曰翠”。“翡”最初是指一种赤红色的雄鸟，而“翠”是指一种青绿色的雌鸟，也叫翠鸟。翠鸟羽色华丽，为古代皇家所喜爱。皇家仪仗中用翠鸟羽毛装饰成的旗叫“翠华”，将翠鸟羽毛镶嵌在金或镏金的底座上的传统首饰制作工艺叫“点翠”。

遍体鳞伤

biàn tǐ lín shāng

释义

指满身都是伤痕，形容伤势很重。

辨析

“鳞”字为易错字。“鳞”，从鱼，粦声。“遍体鳞伤”是形容被打后，全身的伤痕如紧紧排列的鱼鳞一般多，不能错写为“麟”或者“粼”。

起源与演变

《说文解字》把“鳞”说解为“鱼甲也”，本义就是鱼鳞。“遍体”则是浑身的意思。《隋书·李德林传》：“因发热病，遍体生疮，而哀泣不绝。”说的便是浑身长疮，因病痛而不断悲叹、哭泣。“伤”本义为皮肉破损、创伤，《说文解字》对它的解释是“创也”。“伤”既指身体上的伤害，也指心灵的伤害，比如悲伤、忧伤、哀伤等。如今，“遍体鳞伤”不仅用于指身上的伤痕，也延伸到了精神的范畴，如说某人已遍体鳞伤，不一定是身体受伤，也可能是心灵受到了巨大伤害。

【例句】

经过十多天的轰炸，广州是遍体鳞伤了。

夏衍《广州在轰炸中》

【字里字外】

“鳞”除了指鱼鳞外，所指的范围也在不断扩展，也泛指动物身上如鳞片一样的甲壳。

而且，“鳞”作为鱼最重要的特征之一，也引申为鱼的代称。西汉司马相如《难蜀父老》中的“鳞集仰流”，明朝袁宏道《满井游记》中的“呷浪之鳞”，宋朝范仲淹《岳阳楼记》中的“锦鳞游泳”，唐朝王维《戏赠张五弟諲》中的“设置守毚兔，垂钓伺游鳞”，其中的“鳞”都指代鱼。

此外，对于中国人而言，有鳞的生物中，最重要的必定是龙。与龙相关，涉及“鳞”的便是“逆鳞”了。“逆鳞”从字面上而言，指的是逆向生长的鳞片。《韩非子·说难》：“夫龙之为虫也，柔可狎而骑也，然其喉下有逆鳞径尺，若人有婴之者则必杀人。”说的是龙的喉咙下长有一尺长的逆鳞，如果人触动逆鳞，龙就会杀人。君主也有逆鳞，比喻冒犯君主会使其发怒。

小篆中的“鳞”字

小篆中的“麟”字

小篆中的“粼”字

不屑一顾
bú xiè yí gù

释 义

不屑：认为不值得，不愿意做或不愿接受。顾：看。形容对某事物看不起，认为不值得一看。

起源与演变

《说文解字》把“屑”说解为“动作切切也”，指的是动作仔细，表示重视程度高，“不屑”表示不重视或不愿意做某事。

《说文解字》把“顾”说解为“还视也”。意思是回头看，用于“回顾”“顾盼”。后来引申为观看、访问，如“光顾”。

字里字外

《说文解字》里说：“页，头也。”“页”的本义是表示人的头部、脸部。

“页”字在小篆中写为“”，在汉字的演变中逐渐简化，隶书将下面的“人”写成两点，字形基本固定成“頁”。后简化为“页”。

“页”不仅是字，也是部首，带页字旁的字，经常和头有关，除了“顾”以外，还有“颌”“颈”“颔”“项”“顶”“须”“领”“颜”等字。

宠辱不惊

chǒng rǔ bù jīng

释义

受宠或受辱都不放在心上，形容把得失全部都置之度外。

辨析

《老子》中有“得之若惊，失之若惊，是谓宠辱若惊”的句子，意思是得宠和受辱都感到惊恐不安，形容患得患失。跟“宠辱若惊”的意思相反，“宠辱不惊”意思是受宠受辱都不放在心上。注意不要搞混。

起源与演变

南朝宋人刘义庆在《世说新语》中记载，有人问王羲之对阮裕的看法，王羲之说：“此君近不惊宠辱。”大意是说这位先生（指阮裕）近来无论受宠或者受辱，都完全不放在心上。

后世多用“宠辱不惊”来形容人有很深的涵养，能置得失于度外，也可以作“宠辱无惊”。明代冯梦龙在《警世通言》卷一中写道：“二人杯酒酬酢（zuò）了一会，子期宠辱无惊，伯牙愈加爱重。”

【例句】

他生性平和恬淡，宠辱不惊。

汪曾祺《谭富英佚事》

【字里字外】

据《唐书·卢承庆传》记载，卢承庆在唐太宗时任“考功员外郎”，主管官吏考核，为人公平正直。

当时有一个负责运粮的官员，由于运粮船只意外沉没而受过处罚。卢承庆据此给他评了个“中下”的等级，并通知了他本人。那人知道后没有丝毫表示。卢承庆又想了想，觉得船只沉没，错不在他，也不是他一个人能够挽救的，评为“中下”似乎不合适，又改评为“中中”，并再一次通知了他本人。但那人还是没有任何表示。卢承庆知道他的表现后，不由得称赞道：“好，宠辱不惊，难得难得！”随即又将对他的评价改为了“中上”。因为这件事，这个运粮官给卢承庆留下了很好的印象。在之后的吏部考核时，卢承庆特意提拔了他。

据说，卢承庆自己也是一个宠辱不惊的人。他认为作为官员就应该为国尽忠，官职高低都不重要。所以无论是直言劝谏，获罪被贬，还是重回朝中担任要职，他都不以为意，淡然处之，只是尽心尽力地做好自己的本职工作。他晚年病危时，吩咐子女丧事一切从简，不得浮夸炫耀。卢承庆为人，就是这样清廉豁达，平和正直。

cuò shǒu bù jí
措手不及

释义

临时来不及应付。

辨析

人们常把“措手不及”的“措”字写错，“措”的本义是安放、安排，需要用到手，所以是提手旁。

起源与演变

《说文解字》中把“措”说解为“置也”。本义是放置，安放。后来引申为处理、安排的意思。之后还引申出了“处理办法”的意思，作名词讲，如“惊慌失措”。“措手不及”一词中，“措手”就是着手安排，“措手不及”就是来不及安排。

例句

众妖一齐上前乱砍，八戒措手不及，倒拽着钉耙，败阵而走。

吴承恩《西游记》

女人们措手不及，想尽量搬走一些贵重衣物。

陈残云《山谷风烟》

玷污

diàn wū

释义

弄脏，比喻辱没。

辨析

人们常把“玷污”的“玷”字写错或读错。“玷”和玉有关，所以是斜王旁。另外，这个字的读音是 diàn，而不是 zhān。

起源与演变

“玷”和玉有关，但到底指的是什么，有不同的说法。《广韵》：“玷，玉瑕。”而《说文解字》把“瑕”说解为“玉小赤也”。这么看来，似乎“玷”指的是玉上的斑点，但《诗经》中有“白圭之玷，尚可磨也”的诗句，对此的注解是“玷，缺也”。《汉书》的注释里也说“玉缺曰玷”。按照这种说法，“玷”指的应是玉上的缺损，而不是斑点。

例句

奈何他玷污了皇后，败俗伤风，坏伦乱法，却该是死罪。

吴承恩《西游记》

顶礼膜拜

dǐng lǐ mó bài

顶礼膜拜

释义

顶礼膜拜本身表示的是一种极其恭敬的行礼方式。原来指对神虔诚地跪拜，后来泛指对人极端崇拜。

辨析

顶礼膜拜和五体投地都表示崇敬，容易弄混。前者偏重在崇拜，后者偏重在敬佩。

起源与演变

顶礼、膜拜最初都是礼拜神佛的礼节，后来才延伸为对人极端崇敬的行为。“顶礼”指的是两手翻转，手心向上，用自己的头触及受礼者的脚。《方广大庄严经·赞叹品》中“化乐天王说是偈已，与诸天众顶礼佛足，却住一面”描写的便是顶礼佛足的画面。为什么要顶足而拜呢?《释门归敬仪》卷下对此解释说“盖我所尊者，顶也，彼所卑者，足也。以我所尊，敬彼所卑者，礼之极也”。意思是说用自己最尊贵的头部来礼敬对方最卑微的脚部，这是礼的极致。“膜拜”是两手合掌，放在额前，进行跪拜，表示尊敬或畏服。

【例句】

又添一个青年女子，顶礼膜拜，行状举止，仿佛慧娘。

俞万春《荡寇志》

【字里字外】

据说，佛教的跪拜原是古印度圣人释迦牟尼倡导的礼仪，用于修恭敬心。

顶礼是跪拜时，两手翻转，手心向上，意味着以自己的两只手托起佛的双足。所以“顶礼”又有“顶礼佛足”或“头面礼足”的说法。

膜拜，为何用“膜”？据说，是因为佛教徒经常念诵的“南无”（读作 nāmó），也译作“南膜”，是表示心中皈依三宝的用语。“膜拜”是口中念诵“南膜”而拜。

除了顶礼、膜拜外，佛教还有其他跪拜礼仪。唐朝玄奘在《大唐西域记·三国》中共记录了九种佛教礼法：“致敬之式，其仪九等：一、发言慰问，二、俯首示敬，三、举手高揖，四、合掌平拱，五、屈膝，六、长跪，七、手膝踞地，八、五轮俱屈，九、五体投地。”“五体投地”是最郑重的礼拜法。跪拜时双膝、双肘及头顶这五个部分着地。后来引申为对某人特别佩服。

fǎn chú
反刍

【释义】

偶蹄类的某些动物把粗粗咀嚼后咽下去的食物再返回到嘴里细细咀嚼，然后再咽下。比喻对过去的事物反复地追忆、回味。

【辨析】

“刍”指的是喂牲畜的草。它字形简单，但不常见，容易写错读错。

【起源与演变】

有人认为“刍”的甲骨文字形像用手去取草，本义是割草，引申为喂牲畜的草、割草的人、吃草的牲口等。“刍豢”是指牛羊猪狗，牛羊食草称为刍，犬豕食谷称为豢。“刍秣”是指喂牛马的草料。“刍荛”是指割草打柴的人，也是一种自谦的说法。

【例句】

太阳的光斑从枝叶中间筛落到二青牦油黑的身体上，它一边舒舒服服地休息，一边香香甜甜地反刍。

碧野《我怀念的是牛·二青牦》

永远反刍，自己却不会呕吐，大约真是读透了《庄子》了。

鲁迅《准风月谈·反刍》

hùn xiáo shì fēi
混淆是非

释义

故意把对的说成不对的，把不对的说成对的。指故意制造混乱，使人对是非做出错误判断。

辨析

人们常把“混淆是非”的“混”字读错，应该为去声，还应该注意区分“混”和“浑”。“淆”字容易写错和读错，这个字是形声字，左边的三点水表示这个字和水有关，右边的“肴”是声旁，但这个字却不读yáo，而读xiáo。

起源与演变

《字汇》中记载：“淆，乱也，杂也。”洪武年间编纂的《洪武正韵》已有“混淆，浊水”一说，可见“混淆”的本义和水有关。因为杂乱无章，所以“混淆是非”指打破正常的逻辑顺序，使得是非颠倒，黑白不明。

例句

他们颠倒黑白，混淆是非，结帮营私，横行霸道。

巴金《一封信》

饥肠辘辘

jī cháng lù lù

饥 肠 辘 辘

释义

辘辘：象声词，车轮滚动声，借指腹中因饥饿而发出的咕噜咕噜的响声。肚子饿得咕咕叫，形容十分饥饿。

辨析

“辘辘”是象声词，不是湿的意思，因此不可写作“漉漉”。

起源与演变

“辘辘”最早是象声词，既形容车辆行走之声，如唐代元稹的诗句“六十年来兵簇簇，月月食粮车辘辘”，也用来形容肚子饿得咕噜咕噜叫的声音，如清蒲松龄“《聊斋志异·续黄粱》：“日随乞儿托钵，腹辘辘然常不得一饱。”何垠注：“辘辘，肠中虚鸣，如车轮之转也。”就是说“辘辘”是指肚子饿时发出的声音，听起来就像车轮转动的声音。“辘辘”后来经过引申，也可以形容转动的样子，如形容转眼珠想计策。

例句

第二次世界大战之后，从创痛后开始复苏的国家，必须想尽办法帮助自己饥肠辘辘的子民。

觊觎（jì yú）

释义

希望得到（不应该得到的东西）。

辨析

“觊”“觎”都是形声字，都和“看”有关，因此右部均为一个“见”字。注意不要写错。

起源与演变

“觊”从见，岂声，意思是希望得到。柳宗元《童区寄传》：“自毁齿已上，父兄鬻（yù）卖，以觊其利”，其中的“觊其利”就是贪图钱财，说的是越地的人薄情寡义，为了钱，孩子长到七八岁的时候，就会卖掉。“觎”是非分的希望。“觊觎”作为名词，指非分的希望或企图。作为动词时，指希望得到（不应该得到的东西）。鲁迅《集外集拾遗补编·中国地质略论》中“中国者，中国人之中国……可容外族之赞叹，不容外族之觊觎者也”一句说的是中国是中国人的，别的国家可以称赞，但不能觊觎中国领土。现在“觊觎”多用作动词含贬义。

【例句】

他们强撑着干瘪的躯壳，在寒彻的风中半是觊觎、半是绝望地哀鸣。

李二和《流浪的梦》

【字里字外】

“觊觎”一词在史书中并不少见，有关觊觎官位、金钱、美色的记载不胜枚举，但在封建时期，野心最大的便是对皇位、对天下的觊觎。中国古代每朝每代都在上演篡位的故事，或悲剧，或惨剧，或闹剧，或喜剧……著名的篡位事件，汉有王莽篡权，魏晋有八王之乱，唐有玄武门之变，宋有陈桥兵变，明有靖难之役……

中国封建皇权历史上第一个篡位者是嬴胡亥，也就是秦始皇的儿子秦二世。胡亥是秦始皇嬴政最小的儿子，始皇帝让他跟随中车府令赵高学习法律。公元前210年，秦始皇外出巡游。胡亥、赵高，还有丞相李斯随行。出巡的队伍到达平原津时，秦始皇疾病缠身，病重而亡。丞相李斯担心皇帝在外地逝世的消息一旦传出去，皇子们和各地的势力会乘机制造变故，因此就暂时没有发布丧事消息。

秦始皇临去世前给长子扶苏下了一道遗诏，“丧命咸阳而葬”，即让他立即赶回咸阳来参加丧事。不料，赵高扣下诏书，并劝说李斯一起篡改了遗诏，将胡亥立为太子，同时又假借秦始皇的名义写了一封信给公子扶苏、蒙恬，列举他们的罪状，命他们自杀。

由于当时是夏季，秦始皇的尸体很快腐败变臭。为了掩人耳目，赵高以皇帝要吃鱼为名，往车里装了很多臭咸鱼，而且每天还装模作样地到车外请安问候一次。到咸阳后，胡亥继位成了秦二世。

矫揉造作

jiǎo róu zào zuò

释义

矫：使曲变直。揉：使直变曲。造作：制造而成，不是出于自然。形容过分做作，极不自然。

辨析

“矫”是矫饰，并不是娇气。“造作”与制作木器有关，并非做作。“揉”是动词，并非柔美婀娜之义。所以不能将矫揉造作写为“娇柔做作”。

起源与演变

“矫”从矢（也就是箭矢），本义是古代一种揉箭使直的钳子，引申为使曲变直。进一步引申为纠正，比如“矫正”。“揉”本义是把直木变弯曲，后引申出常用的揉搓之义。“矫揉造作”最初说的是器物的制作，并无贬义。比如要做一个很直的木器，但是木料很弯，就要把它矫正变直，而如果需要做车轮，就需要把方直原料弄弯，前者是“矫”，后者是“揉”。经过矫揉才能做成东西，那就是造作，制造而成的，非自然的。

窘迫

jiǒng pò

【释 义】

非常穷困。也指十分为难。

【辨 析】

《诗经·小雅·正月》中有“终其永怀，又窘阴雨”的诗句，《毛诗故训传》解释说“窘，困也”。《说文解字》对“窘”的释义是“迫也”。“窘”的读音是jiǒng，注意不要读成前鼻音。

【起源与演变】

“迫”《说文解字》说解为“近也”，引申为“逼迫”“紧迫”的意思。西汉刘向《九叹·远逝》“日杳杳以西颓兮，路长远而窘迫”，东汉王逸做的注释是：“言日已西颓，年岁卒尽，道路长远，不得复还，忧心迫窘，无所舒志也。”原文中的“窘迫”用来形容处境困急。明代冯梦龙在《警世通言·白娘子永镇雷峰塔》中写道：“多感过爱，实不相瞒，只为身边窘迫，不敢从命。”其中“窘迫”特指经济拮据。

【例句】

至于得到的木刻，我日日在想翻印，现在要踌躇一下的，只是经济问题，但即使此后窘迫，则少印几张就是。

鲁迅《书信集·致曹靖华》

【字里字外】

蒲松龄，字留仙，又字剑臣，别号柳泉居士，世称聊斋先生，自称异史氏，清朝著名小说家，著有文言文短篇小说集《聊斋志异》。

蒲松龄出身没落地主家庭，连续四次参加举人考试，全部落榜。直到七十多岁才考取贡生。他一生穷困潦倒，生活窘迫，为了谋生，只能外出去做私塾先生。在教书的同时，他开始写《聊斋志异》。

他的好朋友张笃庆发现蒲松龄因为写《聊斋志异》影响到考举人，就写了一首诗劝他："聊斋且莫竞谈空"，意思是说，你还是别写小说了，专心去考试吧。但是蒲松龄不听，还是写，不管哪个朋友听到什么奇闻逸事，他都要了解一下，写到自己的作品里头。

关于《聊斋志异》有个流传很广的说法，说蒲松龄在他的家乡摆茶摊，请过路人讲奇异的故事，讲完了回家加工，如此这般终于写成了《聊斋志异》。鲁迅先生经过分析后认为这个说法不对，蒲松龄穷得常年在外做私塾先生，家里有时候连锅都揭不开，怎么有空摆茶摊听人讲故事呢？但蒲松龄善于取材，常常从前人作品和他人言语中汲取灵感创作故事，才有了《聊斋志异》里那些构思奇特的精彩故事。

lì jīng tú zhì
励精图治

【释义】

振作精神，尽力设法治理好国家。

【辨析】

人们常把“励”写错。《说文解字》把“励”说解为“勉力也”。即劝勉，努力，引申为振作、振奋，这要集中力量才能做到，所以是力字旁。

【起源与演变】

“励”古义通“厉”“砺”。“砺”，有磨砺、振奋的意思。“励”蕴含有积极的情感，如“励志”“励精图治”“鼓励”“勉励”“激励”等。

“图”的意思是谋求，设法，如“图谋”“唯利是图”“企图”等。

“治”从水，本义是治水，引申为治理、整治的意思，如“无为而治”“长治久安”“安邦治国”等。

因此“励精图治”指振奋精神，竭尽全力治理好国家。后来也用来形容领导人的精神品质及其实际行动。

【例句】

孙中山先生等人励精图治，奋斗一生，对革命做出了巨大贡献。

【字里字外】

“励精图治”这一成语的产生，据说与汉宣帝有关。东汉班固《汉书·魏相传》中有“宣帝始亲万机，厉（励）精为治”。大意是说汉宣帝开始亲自处理国家大事，振奋精神，想尽办法，希望能治理好国家。

汉宣帝时，大将军霍光凭着迎立之功，增加封地，结党营私，用其朋党亲友充塞朝廷。渐渐地，他在朝中权势越来越重，就连汉宣帝也不得不对他忌惮三分。

霍光的妻子为了进一步巩固他在朝廷中的势力，竟然买通女医淳于衍毒死当时的许皇后，并将自己的小女儿纳入宫中。霍光知道此事后不仅不告发，反而利用权力为淳于衍掩饰。

霍光死后，汉宣帝励精图治。他改革上书奏事的旧制，揭发了杀害许皇后的阴谋，诛灭了霍氏三族；下令降低盐价，减轻人民负担；提倡节俭，减轻徭役和刑罚；严查贪污腐败的官吏；奖赏有所作为的地方官吏，并提拔为公卿。这些措施，使汉朝出现了国家富强，人民安居乐业的景象。

于是后人将“励精图治”作为成语，用来比喻振奋精神，力求治理好国家。

扪心自问

mén xīn zì wèn

扪 心 自 问

【释义】

摸着胸口自己问自己。指自我反省。

【辨析】

《说文解字》把“扪”说解为“抚持也”，也就是抚摸、按住的意思。这些动作都要用到手，所以是提手旁。

【起源与演变】

颜之推在《神仙》诗中有“镜中不相识，扪心徒自怜”的诗句，白居易《和梦游春诗》“扪心无愧畏”，其中的“扪心”都是抚摸胸口，表示反省的意思。林则徐在《批荷兰总管申请不遵禁烟新例禀》：“从前禀称急须回国之语，亦是受人指使，何曾有一真情，扪心自问，能不令人看破否？”其中的“扪心自问”表示自我反省。

【例句】

使我感到可怕的是那个时候自己的精神状态和思想情况，没有掉入深渊，确实是万幸，清夜扪心自问，还有点毛骨悚然。

巴金《随想录》

蔑视

miè shì

释义

轻视；小看。

辨析

“蔑视”的“蔑”字容易写错。要注意不要写成“篾”。后者主要是指劈成条的竹片，如竹篾，因此是竹字头。

另外，需要注意“蔑”的下面是一个“戍”字，而非“戌”。有一个口诀是“横戌（xū）点戍（shù）戊（wù）中空，十字交叉就是戎（róng）”，可以帮助我们区分“戌”“戍”“戊”“戎”这几个形近字。

起源与演变

《说文解字》中把“蔑”说解为“劳目无精也。从苜，人劳则蔑然；从戍”。可见，“蔑”字是个会意字，本义是眼睛因过于劳累而没有神采。

例句

古埃及的奴隶们，有时也会冷然一笑。这是蔑视一切的笑。

鲁迅《花边文学·过年》

酩酊大醉

mǐng dǐng dà zuì

释义

酩酊：沉醉的样子，醉得迷迷糊糊的样子。形容喝酒喝得大醉。

辨析

西字旁的字大多和酒有关。“酩”，从酉，名声。《说文解字》将其解释为“醉也”。“酩酊”是喝酒大醉的意思，注意书写时都要有酉字旁。同时酩酊的读音都是上声，不要误读为míngdīng。

起源与演变

“酩酊”在古代的诗文里已经用得十分普遍，直至现在，这个词语的含义也没有什么变化，还是大醉的样子。

北魏郦道元《水经注·沔水》中“日暮倒载归，酩酊无所知”就描写了日落而归时，人已大醉的样子。蔡东藩《清史演义》中“大众饮得酩酊大醉，至晚各自鼾睡。醉死梦生”一句描写的也是人们大醉之后醉生梦死的景象。

另外“酩酊大醉”也作“酩酊烂醉”“大醉酩酊”等。

【例句】

王忠一高兴，开怀畅饮，喝得酩酊大醉。

杨沫《青春之歌》

【字里字外】

酩酊大醉不仅误事，甚至还可能夺人性命，历史上这类典故不胜枚举，张飞就是一个典型。

刘备奉诏讨伐袁术，命张飞镇守徐州。张飞生性爱酒，一日聚众豪饮，醉后性子暴躁，怒责将领曹豹，还打了他一顿板子。曹豹回去后，对张飞心生怨恨，一气之下便连夜修书吕布，做了内应。吕布趁张飞酒醉，城防松懈，轻易攻取了徐州，刘备的家眷也都被困在城内。

但这次酩酊大醉也只是害得张飞丢了城池而已，却不想他还会因酒丢了性命。

话说关羽败走麦城，被吴国所杀，张飞重兄弟情义，心中悲愤，报仇心切，命手下必须在三日内制造出白盔白甲，好挂孝伐吴。他手下的范疆和张达二将请求宽限，却被怒不可遏的张飞暴打一顿，二人因此起了杀心。

又过了一些时日，张飞又令人摆酒，与部将同饮，不觉又是酩酊大醉，在军帐中昏睡过去。范疆、张达趁机潜入帐中，一刀要了张飞性命，带着他的头颅投靠了吴国。年仅五十五岁的盖世英雄张飞就这样死于非命。

蓦然回首
mò rán huí shǒu

释义

表示一下子回头或突然回头，不经意回头的意思。也引申为忽然发现，忽然明白，顿时悟透。

辨析

“蓦”注意不要误读为mù。“蓦然”是突然的意思，不要写成表示沉默无言的“默然”。还要注意把“蓦”与“暮”“摹”区分开。

起源与演变

“蓦然回首”出自辛弃疾《青玉案·元夕》“蓦然回首，那人却在，灯火阑珊处”。意思是说，经过千百次的寻找都没找到，不经意间一回头，却看见那人立在灯火零落之处。

例句

一个世纪的光阴流转，在西方，许多主义潮涨潮落般兴盛、衰落，最终在这个逐渐由蓝转灰的星球上次第消失。蓦然回首，这段对任何个人都不算短的岁月，耗尽了多少愚者与智者的青春！

易水《告别主义？——世纪之交的回首与沉思》

宁缺毋滥

nìng quē wú làn

释义

宁可缺少一些，不要不顾质量一味求多。

辨析

“毋”不可读作去声。“毋”音wú，“勿”音wù。两个词都是副词，表示禁止或劝阻，相当于“不要”。但是，“毋”多用于书面语，如“请毋妄言”“宁缺毋滥”；“勿”既用于书面语也用于口语，如“切勿倒置”“请勿胡言乱语”。用在标牌上或仓库、房门上的禁止语或劝阻时一般用“勿”，如“请勿吸烟”“请勿入内”“非请勿入”。

起源与演变

《左传·襄公二十六年》记载：“善为国者，赏不僭（jiàn）而刑不滥……若不幸而过，宁僭不滥。”意思是，如果不能做到赏罚公正，宁可赏的方面做得过分，也不要罚的方面泛滥。后来慢慢转化为强调数量或程度方面要适可而止的“宁缺毋滥”。

例句

杂志筛选稿件，宁缺毋滥。

栖息

qī xī

释义

停留，休息（多用来形容鸟类）。

辨析

“栖息”的“栖”意思是居住、停留，在表示这个义项时“栖”的正确读音是qī，注意不要读成xī。“栖”只有在书面语中某些古代流传下来的文言词中才读xī，如“栖栖”在书面语中用来形容不安定。

起源与演变

“栖”指鸟类停留歇息，后来泛指居住或停留。《诗经·王风·君子于役》中有“鸡栖于埘（shí）”的句子，意思是鸡回窝休息了，这里的“栖”就是鸟类居住、停留。《国语·越语》中“越王勾践栖于会稽之上”，林觉民《与妻书》中“厅旁一室，为吾与汝双栖之所”，其中的“栖”都是居住、停留。

例句

那时呵，苇丛间曾栖息过多少群雁。

李瑛《芦苇的记忆》

气喘吁吁

qì chuǎn xū xū

释义

吁吁：喘气的声音。“气喘吁吁”指呼吸急促的样子。

辨析

“吁”字容易被误读成“迂”或“于”，可以联系“长吁短叹”中的“吁”来正读音。同时，在写这个词的时候，容易把“吁吁”写成“嘘嘘”，只要记住，只有“吁吁”才能表示喘气的声音，就不容易写错了。

起源与演变

明许仲琳在《封神演义》第二十六回中写道，“一眼看见喜媚乌云散乱，气喘吁吁”，这里用气喘吁吁来形容喜媚呼吸急促、大声喘气的样子，这个词的古今意义和用法变化不大。

例句

卫兵们在昏黄中定睛一看，就恭恭敬敬地立正，举戈，放他们进去了，只拦住了气喘吁吁的从后面追来的一个身穿深蓝土布袍子，手抱孩子的妇女。

鲁迅《故事新编·理水》

quán héng
权衡

【释义】

秤锤和秤杆，常用来比喻衡量、考虑。

【辨析】

《说文解字》把“衡”说解为“牛触，横大木其角”，意思是绑在牛角上以防触人的横木，也有人认为是穿于牛鼻的横木。“权衡”的“衡”注意不要写成“横”。

【起源与演变】

《汉书·律历志上》中记载：“权者，铢、两、斤、钧、石也，所以称物平施，知轻重也。”“权”指秤，也就是测定物体重量的器具，也可以用来指秤锤。“衡”指车辕前端的横木，引申为秤、秤杆的意思。“权衡”原指称量物体轻重的器具，后比喻衡量、考虑事情的利弊、得失、轻重等等。

【例句】

在这种局势里，我们若能稍稍权衡于轻重缓急之间，便可知道我们所应该做的，是建设民众的文学，而不是拥护所谓优美的文学。

朱自清《民众文学的讨论》

rǎn zhǐ 染指

释义

比喻分取非分的利益，或参与分外的某种事情。

辨析

“染”最初是指给布帛等着色，它的右上角是“九”，注意不要在“九”字上加点写成“丸”，也不要把“染”写成“柒”。

起源与演变

《左传·宣公四年》中有“染指于鼎，尝之而出”的句子，意思是将手指伸进锅里，蘸了点羹汤，尝了尝味道之后便走。“染指”后来被用来泛指品尝某种食物，如唐白居易在《答皇甫十郎中秋深酒熟见忆》一诗中写道：“未暇倾巾漉，还应染指尝。”“染指”也用来比喻沾取某种利益，多指沾取不应得的利益，比如明陶宗仪《辍耕录·论秦蜀》中有“献帝无复染指之望矣”的句子。“染指”还可以用来比喻参与某件事情，如清钱谦益在《〈梅村先生诗集〉序》中说道：“余老归空门，不复染指声律。”

【例句】

至于戏剧，我更是始终不敢染指。我所写的大抵还是散文多。

朱自清《〈背影〉· 序》

【字里字外】

“染指”这个词来自《左传》里记载的一个历史故事。

春秋时期，郑国大夫子家和子公有一天去觐见郑灵公。快进宫门时，子公的食指突然轻轻地颤动起来。子公就伸出手指给子家看，得意地笑着说：“这可是个好兆头呀！以往我食指一颤动，就能尝到好吃的东西，估计今天也一样！”子家听后，淡淡地笑了笑，并不十分相信子公的话。

两人进宫后，在经过厨房的时候突然瞥见一位厨师正在把一只甲鱼切成块。子公瞟了眼子家，两人都大笑起来。郑灵公好奇地问他们为什么笑，子家便如实禀告。

郑灵公解释说：“甲鱼是楚国派人送来的。因为个头不小，所以让大家一起来尝尝。”

没多久，大夫们都到齐了。郑灵公很爽快地命令仆人把盛好的甲鱼羹分给各位大夫，却独独不给子公。

子公看着郑灵公边吃边和其他大夫们说笑，不由得非常生气，猛地站起来，走到盛甲鱼羹的大鼎前，伸出指头蘸了一下，尝了尝味道，然后就大摇大摆地转身走了。郑灵公因此大怒，后来还酿成了一场内乱。

如愿以偿

rú yuàn yǐ cháng

【释义】

自己的愿望得到满足。指愿望实现。

【辨析】

人们常把“偿”字写错，“偿”是形声字，本义为归还、赔偿。归还和赔偿的主体都是“人”，所以是单人旁。

【起源与演变】

《说文解字》把“偿”说解为“还也”。“偿”的本义是归还。“偿”也有赔偿、抵补的意思，用于“杀人偿命”“得不偿失”等。“偿”还有实现、满足的意思，用于“如愿以偿”“得偿夙愿”。

【例句】

况且他家里人既然有心弄死他，等如愿以偿之后，贼人心虚，怕人议论，岂有不尽力推在医生身上之理？

吴趼人《二十年目睹之怪现状》

予敢确言君等之最上要求，必可得如愿以偿也。

孙中山《救国之急务》

【字里字外】

东晋干宝《搜神记》中，有篇叫《青洪君婢》，就是一个如愿以偿的故事。

故事里说，庐陵郡有一个人叫欧明，他每次跟随贩运货物的商人路过彭泽湖，总是把船里的东西或多或少地丢一点到湖里，并且念念有词："就把它作为我的礼物吧。"

这样一直过了好几年。后来欧明又经过彭泽湖，忽然看见湖中有一条大路，路上尘土很多。有几个小吏，乘着车、骑着马来迎接欧明，说是彭泽湖的青洪君派他们来邀请他的。

不一会儿，欧明到了清洪君的地方，只见有官府房屋，门口还有差役把持，欧明很害怕。

接他的小吏却说："没有什么可害怕的。青洪君感激您前前后后赠送的礼品，所以邀请您。他肯定有贵重的东西送给您，不过您什么都别拿，独独求个如愿就行了。"

不一会儿，欧明就见到了青洪君。青洪君问他想要什么，欧明只说他想要如愿。原来，如愿是青洪君的婢女。青洪君虽然舍不得，但仍让如愿跟着欧明走了。

欧明带着如愿回家，从此以后，他的愿望总是能实现，几年下来，他就极其富裕了。

小篆中的"愿"字

小篆中的"偿"字

铩羽而归

shā yǔ ér guī

铩 羽 而 归

【释义】

铩羽：翅膀被摧残，羽毛被摧落。比喻失意、失败或不得志而归。

【辨析】

“铩”是古代的一种兵器，因此为金字旁。金属兵器主要用于杀敌，这样想就能很好地记住这个字。“铩”是形声字，读音同右半边的“杀”，不要误读作shà，也不要误读误写为“刹（chà）”，“刹那”是佛教中表示时间概念的词，表示一瞬间、一下子，说明时间短暂。

【起源与演变】

“铩羽而归”源出南朝宋文学家鲍照《侍郎上疏》“铩羽暴鳞，复见翻跃”。

《玉篇·金部》将“铩”解释为“长刃矛也”，是古代的一种兵器，是名词。“铩”做动词用时为摧残、伤害的意思。

“铩羽暴鳞”的意思是飞鸟的羽毛脱落，养鱼之水也已经干涸，用以比喻不得志，处境极为困难。

【例句】

他怀着干一番事业的心态投身职场，结果却铩羽而归。

【字里字外】

“羽”既有羽毛的意思，也有翅膀的意思。“铩羽”就是把羽毛或翅膀给损坏了。鸟是靠着翅膀飞行的，如果把翅膀损坏了，就无法行动。羽毛对于鸟类的意义更为抽象也更为深远，人们常说“爱惜羽毛”，意思就是要像鸟类珍惜羽毛那样珍惜自己的名誉。

跟羽毛相关的常用语，除了“铩羽而归”“爱惜羽毛”外，还有“凤毛麟角”“羽翼未丰”“雁过拔毛”等。

“凤毛麟角”字面意思是凤凰的羽毛，麒麟的角，比喻珍贵而稀少的人或物。明何良俊《四友斋丛说》中说：“康对山之文，天下慕向之，如凤毛麟角。”意思是说康对山的文章，天下人都十分仰慕，但是像凤毛麟角一样难以求到。

“羽翼未丰”则指跟小鸟一样羽毛还没有长全，比喻尚未成熟或力量还不够强大。也叫“羽毛未丰”，出自《战国策·秦策一》“秦王曰：‘寡人闻之，毛羽不丰满者，不可以高飞。’”

“雁过拔毛”指大雁从头顶飞过也要拔根羽毛留下来，比喻经手办点事就要顺便捞点好处。《儿女英雄传》第三十一回中说：“他既没那‘雁过拔毛’的本事，就该悄悄儿走，怎么好好儿的把人家拆了个稀烂。”

shà yǒu jiè shì
煞有介事

释义

好像真有这回事似的。多指大模大样，好像有什么了不起。

辨析

“煞”是多音字，此处读去声。“煞”读阴平时有以下几个字义：一是同“杀”，如杨衒之《洛阳伽蓝记》：“立性凶暴，多行煞戮。”二是“停止、结束”的意思，如“煞住（止住，收住）”“煞场（科举考试结束，一出戏结束）”。三是“勒紧、扣紧”的意思，如“煞车（同刹车）”“煞一煞腰带”。而“煞”读去声时，是很、极的意思。

起源与演变

“煞有介事”来源于江浙一带的方言，“介事”在方言里指“那样的事”。“煞有介事”意思是装模作样，好像真有那么一回事似的。多指大模大样、一本正经，好像很了不起的样子。往往含有轻微贬义。

例句

他登上讲台，煞有介事地开始了自己的班长竞选演讲。

shān rán lèi xià
潸然泪下

释义

潸然：流泪的样子。形容因有所触动而流下眼泪。

辨析

“潸”字形与“潜”相近，不可混用。《说文解字》将“潜”说解为“涉水也”，本义是没入水中，而且在水下活动。用于“潜水”“潜龙”等。“潜”也引申用作潜居草野，因为隐居于乡野之间就像故意潜行于水下一样。

起源与演变

“潸”，《说文解字》说解为“涕流貌”，本义是流泪的样子。《诗经·小雅·大东》“潸焉出涕”，“涕”本义是眼泪，“潸焉出涕”描摹的是流泪的样子。“潸然泪下”古已有之，比如李贺《金铜仙人辞汉歌（并序）》“宫官既拆盘，仙人临载，乃潸然泪下。”

例句

林冲见说了，潸然泪下，自此杜绝了心中挂念。

施耐庵《水浒全传》

shǎo ān wú zào
少安毋躁

【释义】

少：稍微，暂时；安：徐缓，不急；毋：不要；躁：急躁。暂且安心等一会儿，不要急躁。

【辨析】

“毋”易被误读作wù，或被错写作“勿”。其实应读作wú，字形与“母”相似。“毋”与“母”在古汉语中本来就是一个字，后来分化为“禁止”的意思，于是加上一画用来区别，变成了“毋”。

【起源与演变】

汉语里“毋”与“无”的用法有相同之处，也有区别。当用作“不要”的意思时，二者相通，“少安毋躁”也可写作“少安无躁”（但“毋”更常用）。这两个词中“无”的使用较多较广，而“毋”大多存在于一些特殊用法中，如“毋宁”“毋庸”。

【例句】

乙校不自心虚，怎能给恐吓呢？然而，少安毋躁罢。

鲁迅《华盖集续编·无花的蔷薇之三》

shén cǎi yì yì
神采奕奕

【释义】

奕奕，精神焕发的样子。形容精神饱满，容光焕发。

【辨析】

“采”和“彩”都和颜色有关，但“采”多指精神方面，而“彩”则多跟颜色、花样有关。“神采”与人的精神有关，故一般用“采”。

【起源与演变】

甲骨文“采”字字形像用手采摘树的果实和叶子，本义是用手摘取，假借为彩色的意思。后来“彩色”义又写作“彩”。因此古书中“采”和“彩”有时会混用。《陈书·江总传》中写道：“尔操行殊异，神采英拔。”《北齐书·高俨传》中有“琅琊王眼光奕奕”之句。后世用“神采奕奕”来形容精神焕发，风采动人。

【例句】

她神采奕奕，焕发着一种似乎永远不会被生活的砺石所磨灭的热情、爽朗和乐观精神。

梁晓声《京华闻见录》

字里字外

《尔雅·释诂上》中对“奕”的释义是“大也”。“奕奕”的意思也是大。《诗经·大雅·韩奕》中有“奕奕梁山，维禹甸之”的诗句。《毛传》对这句话的注解是：“奕奕，大也。甸，治也。禹治梁山，除水灾。”

“奕”还有美的意思，如《方言》中曾有“自关而西，凡美容谓之奕”的说法。

《世说新语》中还有“是仆与君奕世为通好也”的句子，这里的“奕世”是累世、世代、代代的意思。

“奕奕”除了形容高大的样子，还可以形容盛大、众多的样子，如明朝归有光在《送嘉定丞鲁侯序》中有“仪观伟然，舆马奕奕”的句子，形容车马众多，场面盛大。

“奕奕”还可以形容忧愁的样子，比如《诗经·小雅·頍弁》中有“未见君子，忧心奕奕”的句子，根据孔颖达疏中的说法，这里的“奕奕”就是忧愁的样子。

南朝宋谢惠连《秋怀》诗中有“皎皎天月明，奕奕河宿烂”的句子，这里的“奕奕”是形容光明、亮光闪动的样子。

甲骨文中的“采”字

小篆中的“采”字

审时度势

shěn shí duó shì

【释义】

了解时势的特点，估计情况的变化。

【辨析】

“审时度势”的“度”意思是估计、推测，这个义项的读音是duó，不读dù。

【起源与演变】

吕温《诸葛武侯庙记》中有“乃知务开济之业者，未能审时定势，大顺人心”之句。其中“审时定势”指周密地观察时局，判断形势的发展变化。后世多作“审时度势”，明沈德符在《万历野获编·乡试遇水火灾》中有“俱审时度势，切中事理”之句。“审”是审察，弄明白的意思；“时”是时机、时局的意思；“度”是推测，估计的意思；“势”是形势的意思。“审时度势”的意思是观察时机，估量形势，比喻衡量一下时机是否成熟，形势是否有利。洪仁玕在《资政新篇》中写道：“其理在于审时度势与本末强弱耳。”

【例句】

他对中央文件又信又不信，再根据谣言、猜测、小道消息和自己的丰富想象，审时度势，决定自己的工作态度。

蒋子龙《乔厂长上任记》

【字里字外】

范蠡（lǐ）字少伯，春秋时期楚国人，是我国历史上有名的政治家，也是我国儒商的鼻祖，被后人尊称为“商圣”。他出身低微，但博学多才，是一位非常擅长审时度势的人。

范蠡年轻时，曾拜计然（又名辛文子）为师，研习治国、治军的策略和方法。因不满当时楚国黑暗的统治，与文种一起投奔越国，辅佐越王勾践。

越王勾践不听范蠡劝告，擅自和吴国开战，最终惨败降吴，开始了他长达二十余年的卧薪尝胆。范蠡设计消除了吴王夫差对越王勾践的疑心，用美人计巧妙地瓦解了吴王夫差的意志，并在文种的帮助下，辅佐勾践悄悄发展越国经济，增强越国的军事实力，最终杀了吴王夫差，灭掉了吴国。

功勋卓著的范蠡被越王勾践封为上将军，但他清醒地认识到勾践为人可共患难不能共富贵，因此并没有选择留在越国享受高官厚禄，而是毅然在政治事业的巅峰急流勇退，离开越国来到齐国。

到齐国后，他隐姓埋名和家人辛勤劳作，很快就积累了丰厚的家财，再加上他为人和善，竟被举荐给齐王，被拜为宰相。范蠡辞而不受，散尽家财后迁往陶地，靠经商又一次成为巨富，世称“陶朱公”。

shí duo 拾掇

释义

整理、收拾、修理和惩治。

辨析

“掇”容易误写为辍学的“辍”或者“缀”。“掇”左边是手，右边为叕，本义是一点点拾取。“拾掇”与收拾东西有关，因此用手，为提手旁。而“辍”本义是行车中途发生障碍，因此中止行进，后引申为中止、停止的意思，如“辍学”“辍笔”等。“缀”为绞丝旁，本义与缝补有关，也引申为装饰之义，用作“点缀”。

起源与演变

《说文解字》把“掇”说解为“拾取也”。《诗经·周南·芣苡》中“采采芣苡，薄言掇之。采采芣苡，薄言捋之”，意思是：繁茂鲜艳的芣苡，一片一片摘下来。繁茂鲜艳的芣苡，一把一把捋下来。“拾”从手，合声。本义是捡取。拾掇就是把东西归置一下。

同仇敌忾

tóng chóu dí kài

释义

全体一致地仇恨敌人。

辨析

“忾”是形声字，但其声旁“气”的读音在今天已和古时候大不相同，因此不可写作或读作“气”（qì）。

起源与演变

同仇：共同对敌；敌：对抗，抵拒；忾：愤怒。“同仇”和“敌忾”分别出自《诗经·秦风·无衣》“王于兴师，修我戈矛，与子同仇”和《左传·文公四年》“诸侯敌王所忾，而献其功”。“敌王所忾”的意思是指把天子所痛恨的人作为自己的敌人而加以讨伐。“忾”《说文解字》说解为“大息也”，本义就是叹息的意思，如《诗经·曹风·下泉》：“忾我寤叹，念彼周京。”意思是我思念周的京城，叹息着睡不着觉。但经过演变，在现代汉语中，“忾”只有愤恨这一个意思。

【例句】

在那场关系民族生死存亡的斗争中，各族人民同仇敌忾，共赴国难。

【字里字外】

《诗经》中的《秦风·无衣》是一首周代的秦地民歌，诗中有这样的语句："岂曰无衣？与子同袍。王于兴师，修我戈矛。与子同仇。"这就是"同仇"的来源。这几句诗的意思是：谁说没有衣服？我的战袍就是你的。国王兴兵打仗，快把武器修好。我与你共同对付仇敌。

产生《秦风》的秦地，即现在的陕西中部和甘肃东部，秦人在商周时代与戎狄杂处，以尚武著称。当时秦地的成年男子平时耕种放牧，从事农业生产，发生战争时就走上战场成为战士，武器与军装由自己准备。

《秦风·无衣》描绘的便是秦人在上战场之前准备武器与军装的场景，"与子同仇"这一句激昂的呼喊表现出战士们团结一心的精神与抗击敌人的决心。"敌忾"则出自《左传·文公四年》中"诸侯敌王所忾，而献其功"。这句话的意思是说王所痛恨的人，诸侯也要把其视为仇敌，并出兵讨伐他。"同仇"与"敌忾"都表示人民有着共同的敌人，面对敌人的时候有着同样的愤怒与仇恨，并将采取行动团结一致来讨伐敌人。这两个词语都来源于封建时代臣子对王权的拱卫，带有时代的印记。

xīn yǒu yú jì
心有余悸

释 义

危险的事情虽然过去了，但回想起来依然会感到害怕。

辨 析

“心有余悸”是对已经发生过的事情感到害怕，因此只能用于事后害怕的情况。此外需注意“心有余悸”中的“余”指的是剩下的、残存的。

起源与演变

《说文解字》把“悸”说解为“心动也”。《后汉书·梁节王畅传》中有“肌栗心悸，自悔无所复及”之句。唐韩愈在《南海神庙碑》中写道：“既进，观顾怖悸。”其中的“悸”就是指因恐惧害怕而心跳加速。现在的“心悸”既可以指心里害怕，多用于书面语，也可以指由贫血、心脏病等引起心脏跳动加速、加强和节律不齐，是个医学术语。

例 句

我至今心有余悸，只能说明我不坚强，或者我很软弱。

巴金《随想录》

喧宾夺主

xuān bīn duó zhǔ

【释义】

客人的声音压倒了主人的声音。比喻客人占了主人的地位，或外来的、次要的事物占据了原有的、主要的事物本应有的地位。

【辨析】

《玉篇》中对“喧”的解释是“大语也”，意思是（说话）声音大而嘈杂，所以“喧”是口字旁。

【起源与演变】

清阮葵生《茶余客话》记载，把上好白酒分成七份装入瓶中，再把新摘的茉莉花悬挂在离酒水约一指左右的地方，封住瓶口，过段时间打开就会有浓郁的香味，但这样做却会改变酒味。他由此感叹“不论酒而论香，是为喧宾夺主”。后来“喧宾夺主”便用来比喻外来的、次要的事物占据了原有的、主要的事物本应有的地位。

【例句】

这黄角树每每爱寄生在别的大树上，因为发育的迅速，不两年便要闹到喧宾夺主的地位，把那原有的大木形成为自己身上的寄生树一样。

郭沫若《我的童年》

yǎn huā liáo luàn
眼花缭乱

释义

形容看到美色或繁复新奇的事物而感到迷乱。

辨析

“缭乱”是纷乱、凌乱。“缭”是缠绕的意思，和丝线有关，容易误写成目字旁的“瞭”。“瞭”的本义是眼珠明亮，引申为从高处或远处观望的意思。

起源与演变

“缭”是形声字，左边的绞丝旁和丝线有关，丝线会缠绕在一起，因此它的本义就是缠绕。众多丝线缠绕在一起，自然显得纷乱，引申为形容眼前景象复杂纷繁，头绪众多，使人一时无法辨清，找不到解决问题的突破口。

《楚辞·怨思》中有一句“肠纷纭以缭转兮”，回肠九转，错乱缠绕，是对痛苦、焦虑心情的生动刻画。“缭缭”形容缠绕的样子。“缭垣”是指围墙。“缭肘”是囚禁犯人的脚镣和手铐。“蟠屈缭纠”形容弯曲缠绕的样子。“矜纠收缭”形容人急躁、暴戾的样子。

【例句】

紧接着，一对对斑羚凌空跃起，在山涧上空画出一道道令人眼花缭乱的弧线。

沈石溪《斑羚飞渡》

【字里字外】

“缭”和丝线有关，除了缠绕的意思，还有用针斜着缝的意思。除了“缭”，这种和人们穿戴有关的词语还有很多。

“绣”是用彩色的丝线在绸和布上缀成花纹或文字。“绣”左边是绞丝旁，右边的“秀”是声旁。古时候女子的闺房称为绣阁，形容闺房装饰得很美丽；雕绘华美的门户称为绣户；绣着花的被子用来包裹婴儿，叫作“绣褓”；用彩线刺绣的丝绸衣服就是“绣服”；还有一些带绣的成语，“绣口锦心”形容文思优美，词句华丽；“绣阁琼楼”形容楼舍秀丽精美。“绣”有美好的意思，在过去，经常被用在女子的人名中。

“纫”的本义是揉绳捻线。《楚辞·离骚》中有“纫秋兰以为佩”，意思是捻缀秋兰，佩戴在身，后来比喻对别人的恩泽或教益铭感于心，如“纫佩在身”。

yí dòu cóng shēng
疑窦丛生

【释义】

指有许许多多疑点产生，或因十分怀疑而产生强烈的不信任。

【辨析】

“丛”易被误写为“从”。“丛生”是指像草木那样一丛一丛聚集在一起茂密生长，表示很多的意思。“从”则主要是依顺、跟随之义，没有聚集的意思。

【起源与演变】

《说文解字》把“窦”说解为“空也”，“窦”是一个形声字，从穴，卖声，本义是孔、洞、点，如“狗窦”就是狗洞的意思。“窦”也用来指水沟、阴沟、地窖等地面凹陷的部分，如“窦窖”（积藏谷物的地窖）。后引申为人体或某些器官或组织的内部凹入的部分，如“鼻窦”。另外，“窦”也是我国的一个姓氏。

【例句】

这个案件在引起我的讶异的同时，不免让我疑窦丛生。

犹豫不决

yóu yù bù jué

释义

犹豫：迟疑。迟疑动摇，拿不定主意。

辨析

此处的“决”不能误写作“绝”，这里的“决”是决断、做决定之义，没有“断绝”的意思。

起源与演变

“犹”据古书所言是一种玃（jué）属动物，而“玃”是古书指称的一种大母猴，遇到一点声响、危险，就会立刻蹿到树上去，左顾右盼；“豫”是大象，行动的时候先用鼻子去探测。古人将它们的名字合在一起，组成“犹豫”一词，用以形容人遇事顾虑，迟疑。“不决”正是这两种动物表现出来的特性。

“犹豫不决”作为一个成语，最早出自《战国策·赵策三》中“平原君犹豫未有所决”，《周书·贺拔胜传》中“今乃顿兵进犹豫决”。

【例句】

在决定这件事如何处理时，他变得犹豫不决起来。

【字里字外】

这个词的典故出自《战国策·赵策三·秦围赵之邯郸》中："秦围赵之邯郸。魏安厘王使将军晋鄙救赵。畏秦，止于荡阴，不进。魏王使客将军新垣衍间入邯郸，因平原君谓赵王曰：'秦所以急围赵者，前与齐愍王争强为帝，已而复归帝，以齐故。今齐已益弱，方今唯秦雄天下，此非必贪邯郸，其意欲求为帝。赵诚发使尊秦昭王为帝，秦必喜，罢兵去。'平原君犹豫未有所决。"

长平之战后，秦国军队包围了赵国都城邯郸。魏国本来打算出兵救赵，秦国得知后恐吓魏国，扬言谁救赵就先攻击谁。魏国动摇害怕了，派人到邯郸做思想工作，想通过平原君来说服赵国放弃抵抗，一起尊秦为帝，以换取和平。平原君在这种危机的情势之下，开始犹豫，不敢贸然做决断。此时齐国高士鲁仲连恰好来找平原君，在了解了情况后，鲁仲连和魏国派来游说的使者展开辩论，对赵国向秦国称臣的危害、可能对魏国造成的威胁以及如何援救赵国等方面展开辩驳，魏国使者被驳斥得无话可说，深深钦佩鲁仲连的铮铮铁骨，放弃说服赵国，回到魏国去了。这就是历史上著名的"鲁仲连义不帝秦"，鲁仲连的当机立断和平原君的犹豫不决形成了鲜明的对比。

yuàn tiān yóu rén
怨天尤人

释义

遇到挫折或问题时，抱怨天，埋怨别人。形容对不如意的事情一味归咎于客观原因。

辨析

“尤”字很简单，不要误写成“犹”。“犹”是反犬旁，它的本义和动物相关，是一种猿类动物。而在“怨天尤人”这个词中，“尤”和“怨”的意义相近，有怨恨、归咎的意思。

起源与演变

“怨天尤人”出自《论语·宪问》，原文是“不怨天，不尤人”，意思为不抱怨天，不责怪人。

“尤”字的古字形和本义目前学界尚未有定论。有一种说法认为，“尤”字的甲骨文从又，从一，“又”像手形，“一”表示多余的东西，即赘肬（zhuì），本义是多余，过错。引申为过错，比如“以儆效尤”，意思就是严肃处理一个坏人或一件坏事，以警告那些学着做坏事的人。

【例句】

成天泡在个人情绪里边，唉声叹气，怨天尤人。

柳青《创业史》

【字里字外】

孔子，是中国历史上一位非常著名的思想家、教育家、政治家，他创立了儒家学说，开创了私人讲学的先风。相传，孔子有弟子三千，贤弟子七十二人，颜回、子路、子贡等都是他的名弟子。

孔子生活在春秋末期，那时，大大小小的诸侯割据一方，诸侯国之间经常爆发战争，争夺土地和人口，吞并别国，扩大自己的势力范围。在这样动荡不安的乱世之中，孔子却带着一批忠实的学生不辞辛劳地奔走列国，宣扬以德治国的仁爱思想，希望诸侯能约束自己的思想言行，使社会恢复到西周的统一局面，可是，没有哪个君王肯采纳他的治国主张。

有一次，孔子感慨道："世上没有一个理解我的人啊！"

子路问："他们为什么不理解您呢？"

孔子不理会子路的问话，继续自言自语："不怨天，不尤人，下学而上达。知我者其天乎!"孔子说这句话的意思是，不埋怨天，不责怪人，学习一些平常的知识，从中悟出深奥的道理。大概只有老天爷理解我吧!"怨天尤人"即源于此。

运筹帷幄

yùn chóu wéi wò

释义

指在后方决定作战策略，也泛指筹划决策。

辨析

“帷幄”不能写成“帷握”或“维幄”。

起源与演变

“筹”《说文解字》中说解为“壶矢也”，指玩投壶游戏时用的签子。引申为计数用具，进一步引申为筹算、筹谋等义。“帷”《说文解字》中称“在旁曰帷”，意思是说围起来的布叫作帷。《小尔雅·广服》将“幄”解释为“幕也”，是幕布的意思。“帷幄”是古代军队中的帐幕。“运筹帷幄”最初指在帐幕中谋划计策，如“夫运筹帷幄之中，决胜于千里之外”，说的便是在军帐中谋划策略部署，能决定千里之外战场上的胜负。后来泛指策划决策。

例句

他像运筹帷幄的将军似的调兵遣将。

张贤亮《绿化树》

【字里字外】

司马迁在《史记·太史公自序》中写道“运筹帷幄之中，制胜于无形”。指的是谋划决策，在无形中就能决定战争的胜负。中国古代“运筹帷幄之中，决胜于千里之外”的军事家和谋士，流传千古的不乏其人。孙膑便是其中的佼佼者。

孙膑与庞涓年轻时为同窗，一起研习兵法。后来，庞涓前往魏国，屡建奇功，一时声名显赫。但庞涓此人心胸狭窄，嫉妒孙膑的才能，他总害怕要是孙膑到了魏国，会威胁到他的地位；但若是孙膑到了其他国家，自己恐怕难以对抗，会被魏惠王怪罪。于是，庞涓将孙膑骗到魏国，割去他的膝盖骨，让他成为废人。

孙膑留得残命，逃到齐国，投靠在田忌门下。后来，在“田忌赛马”一事中，出谋划策，帮助田忌取胜。齐王也因此发现他智谋过人，与他谈论兵法，更是惊诧于他卓绝的军事才华，敬佩不已。

不久之后，孙膑终于迎来了向庞涓复仇的机会。适逢庞涓率领魏国大军攻打赵国邯郸，赵国不敌，只得向自己的盟友齐国求援。

田忌认为应该带兵直奔赵国，解救邯郸。但孙膑思量之下，建议道：“直接与魏国对垒，并非上策。现在魏国主力全在前线，留在国内的都是一些老弱残兵。如果我们率兵直接攻打魏国大梁，魏军必定回援，这样我们便可轻轻松松大获全胜，还能解除赵国之危。”

果然，齐国大军一至，魏惠王便急召庞涓回援。庞涓率领大军昼夜不停，回师大梁。而孙膑则早已在魏军必经之地桂陵设下埋伏。一路奔波、疲惫不堪的魏军哪是齐军的对手，只能落个惨败的下场。

「择菜」

zhái cài
择菜

【释义】

把蔬菜中不宜吃的部分剔除，留下可以吃的部分。

【辨析】

“择”在这里读zhái，是口语的读法，专用于择菜、择开、择席等。“择菜”是对已经摘取下来的菜进行进一步的加工处理，因此“择”不同于表示摘取动作的“摘”，二者要注意区分。

【起源与演变】

“择”《说文解字》说解为“柬（拣）选也”。本义为选取、挑选，在口语中如“择菜”“择席”（在一个地方睡惯了换一个地方就睡不好觉）中读作zhái。

“择菜”在古文中亦指采摘野菜，如《庄子·让王》中有这样的记载：“孔子穷于陈蔡之间，七日不火食，藜羹不糁，颜色甚惫，而弦歌于室。颜回择菜。”这里的“择菜”就不是把蔬菜中不宜吃的部分剔除的意思，而是指采摘野菜。

zhào shì
肇事

释义

引起事故；闹事。

辨析

肇的右上角是攵，不可写成支。虽然“肇事”含有引起、制造事端的意思，但“肇”不能误写或误读成“造”。

起源与演变

“肇”《说文解字》说解为“肇，击也”，本义是“击打”。由“击打”引申出“引发、始创”之义，如《书·酒诰》中有“乃穆考文王，肇国在西地”。其中的“肇国”就是建立国家的意思。又如“肇台”（始建功业）、“肇衅”（挑起事端）、“肇乱”（引起动乱）等。进而增加了副词“开始、最初”的意思，如“肇造”（始建）、“肇创”（初创）、“肇兴”（兴起）、“肇称”（始称）。

例句

肇事的兵都逃光了，没有捉住一个。

巴金《家》

正襟危坐

zhèng jīn wēi zuò

正襟危坐

释义

理好衣襟端端正正地坐着。形容严肃或拘谨的样子。

辨析

“正襟危坐”中的“襟”和“危”都是容易写错的字。

“襟”字是“衣服的胸前部分”，人们常说“衣襟”“胸襟”，因此是衣字旁。

“危”容易误写为“威严”的“威”。人们熟悉的“危”是危险之义，其实，“危”还有端正的意思。《广雅·释诂一》：“危，正也。”“危坐”就是端正地坐。

起源与演变

这个成语出自《史记·日者列传》中“宋忠、贾谊瞿然而悟，猎缨正襟危坐”。“猎缨”是指整理帽子上的带子，“正襟”就是整理胸前的衣服；古人以两膝着地，耸起上身为“危坐”，后泛指端坐。这三个动作都表示恭敬严肃。后来只取了“正襟”和“危坐”两个词，并从理好衣襟，端端正正地坐着，引申为形容严肃或拘谨的样子。

【例句】

平时憎恶我的却总希望我做一个完人，即使敌手用了卑劣的流言和阴谋，也应该正襟危坐，毫无愤怨。

鲁迅《华盖集·"碰壁"之余》

【字里字外】

"日者"指的是古时候占卜的人，他们在当时是有一定社会地位的人，《史记·日者列传》是司马迁为占卜者写的传记。

据《史记·日者列传》中记载，一天，汉代的两位有名的学者宋忠和贾谊在一起讨论先王圣人的治道。贾谊说："我听说古代的圣人，如果不在朝做官，就必定在卜者、医师行列之中。现在，我已见识过朝中做官的人，对他们的才学人品都有所了解。我们试着去看看占卜者的风采吧。"

于是，他们一起去拜见当时有名的占卜家司马季主。那天刚下过雨，路上行人很少，司马季主正闲坐在占卜馆里，三四个弟子在一旁围着他。司马季主正在向弟子们讲解天地间的道理，日月运转的情形，阴阳吉凶的本源。

宋忠和贾谊向司马季主拜了两拜。司马季主仔细打量了他们，觉得他们都是有学问的人，也还礼作答，叫弟子引他们就座。坐定之后，司马季主更加详细地讲解了刚才的内容，并加以发散，讲了数千言，都非常有道理。宋忠、贾谊十分惊异而有所领悟，他们整理冠带，端正衣襟，恭敬地坐着，表示对司马季主才学的尊重和赞叹。

这个典故也让我们从侧面看出，中国自古以来就崇尚学问，有尊师重道的传统，真正有才学的知识分子是非常受尊重的。

置若罔闻

zhì ruò wǎng wén

【释 义】

若，像；罔，不；闻，听。形容不过问、不关心。

【辨 析】

“罔”容易误写为“惘”。“罔”在此是没有的意思。而“惘”是怅然失意的样子。

【起源与演变】

“置”在《说文解字》中为“赦也”。本义是赦罪、释放，引申为放到一边、放弃。如《史记·项羽本纪》中“沛公则置车骑，脱身独骑”，说的是刘邦赴鸿门宴后丢下马车，一个人骑马脱身逃走。“置若罔闻”和“置之度外”，都含有不放在心上的意思。“置若罔闻”指对批评、劝告、请求、抗议等不予理睬，而“置之度外”指把生死、荣辱、安危、苦乐等放在个人考虑之外。

【例 句】

宁荣两处上下内外人等，莫不欢天喜地，独有宝玉置若罔闻。

曹雪芹《红楼梦》

众目睽睽

zhòng mù kuí kuí

释义

睽睽：睁大眼睛注视的样子。许多人都睁着眼睛看着，指在广大群众注视之下。

辨析

“睽”字是瞪着眼睛看的意思，和眼睛有关，因此是目字旁。

起源与演变

《广苍》中解释“睽”为“目少精也”，《说文解字》中解释“睽”为“目不相视也”，因此“睽”本义就是两只眼睛不能集中视线看同一个东西，为斜视之义。后据此引申为分离、背离之义，如“睽违”意思是分离、不在一起，相关词语还有“睽离”（阔别）、“睽别”（分离，离别）、“睽阻”（离别阻隔）、“睽隔”（别离，分隔）、“睽阔”（久别，远别）等。后发展为睁大眼睛注视的意思。

例句

在众目睽睽之下，他真不知该说什么了。

伫立

zhù lì

释义

长时间地站着，多用于书面语。

辨析

“伫”不要读成chù。《说文解字》把“伫”说解为“久立也”，即长时间站立。“矗立”的“矗”是高耸、直立，二者意义不同，要注意区分。

起源与演变

《诗经·邶风·燕燕》“瞻望弗及，伫立以泣”，大意是虽然已经看不见她的踪迹了，却依旧泪眼汪汪地久久呆立着望着远方，不忍离去。“伫立”在这句诗里就是长时间站着的意思。后世对“伫立”的用法和释义基本未变，如孟浩然《游精思观回王白云在后》“衡门犹未掩，伫立望夫君”，蒲松龄《聊斋志异·画壁》“倾耳伫立，若有听察”。

例句

丁猛凝视着窗外伫立了一会儿。

柯云路《三千万》

zhuāng biǎo
装裱

释义

裱褙书画并装上轴子等。

辨析

裱与布、丝织物有关，因此是衣补旁。

起源与演变

“装”《说文解字》说解为“裹也”，本义为“行装”，后引申为“装饰、打扮”的意思，“装裱”中的“装”也是由这个词义引申而来。“裱”作为形声字，本义是领巾、披巾。在现代汉语中，裱有两个义项，一是用纸或其他材料糊屋子的墙壁或顶棚，二是装裱，即用纸或丝织物把书、画等衬托粘糊起来。“装裱”在古代有时也写作“装表”或“装褾”，如宋曹士冕《法帖谱系北方印成本》“每段自成一板，四围皆空白纸，不施筐缘装表而自然整齐成册，字画亦甚可爱”，宋周密《齐东野语·绍兴御府书画式》“其装褾裁制，各有尺度。印识标题，具有成式”。

【例句】

这些通常被人们用过即弃的东西，如今堂而皇之地被装裱在玻璃镜中供人参观，足见传统二字在澳门人心中的分量。

【字里字外】

“装裱”又称“装潢”“裱褙”，是中国传统的装饰美化和保护书画及碑帖的特殊技艺。方法是先用纸托裱在书画作品的背面，再用绫、绢或纸镶边，然后用复背纸复背，干透后装框。如果要制成挂轴则安装地轴天杆。制成品有挂轴、手卷、册页等形式。书画、碑帖经装裱后更加美观，便于观赏收藏，残破的作品经过装裱也能修补完整。

我国的装裱工艺是伴随着中国书画的历史诞生的，早在一千五百年前装裱技术就已经出现了，而且从现存的历史资料来看，当时对于装裱技术已有详细的文字记载。到了明代，周嘉胄著有《装潢志》，清代周二学著有《一角篇》，都是系统论述装裱的专门著作。

各个时代书画作品装潢有各自特色，因此有时装裱也可作为鉴别书画作品断代的有力佐证。各个时代的绫、锦，其花纹、色泽多不相同，装裱的式样也有所区别。旧时北京的装裱匠人，手艺非常高超，古画即使破碎至不可分辨，或者脆到几乎一吹即散，仍能通过装裱为其恢复原貌。因此有的作伪者也会利用装裱手段制作赝品书画，收藏者须了解一定的装裱知识才能更好地辨别真伪。

惴惴不安

zhuì zhuì bù ān

释义

惴：忧愁、恐惧。形容因害怕或担忧而心神不定的样子。

辨析

“惴”字很容易写错。这个字代表的是忧愁、恐惧，所传达的是一种心情、心理状态，故从竖心旁。形近字有“揣测”的“揣”（chuǎi），“揣测”也是表心理活动，为何从提手旁而非竖心旁呢?《说文解字》中解释说“揣”为“量也”，即“揣”的本义为测量、量度，最初指的是用手做出的度量动作，以后渐渐引申为推测、猜想这类心理活动。

起源与演变

“耑”读duān时，是“端”的古体字；读zhuān时，是“专”的古体字。颛顼（zhuān xū）是我国传说中的上古帝王，黄帝之孙，“五帝”之一。

例句

旧历端阳节终于在惴惴不安中过去了。

茅盾《子夜》

【字里字外】

“惴惴不安”一词来源于《诗经·秦风·黄鸟》中的“惴惴其栗”。《诗经·秦风·黄鸟》是一首描写英雄悲剧、鞭挞封建君主残暴专制的史诗。诗中记述秦穆公死后杀人殉葬，其中包括奄息、仲行、鍼虎等良臣勇将，表达了人民对这三位勇将的爱戴，和对于杀害这三人殉葬的秦穆公的恐惧和痛恨。

全诗以“交交黄鸟”起兴，用黄鸟栖息在荆棘丛上不得安定的样子来比喻三位殉葬的勇士在墓穴中的不安。诗中反复提到“临其穴，惴惴其栗”，意思是说人们经过三位勇士的墓穴，想到自己将来也可能会被用来殉葬，不禁“惴惴其栗”（即不寒而栗、胆战心惊的意思）。诗的最后感叹道：“彼苍者天，歼我良人。如可赎兮，人百其身！”意思是：苍天啊，你为什么不管？任凭暴君如此残害国家良臣！若能够代替这些英雄去死，我们情愿用一百个人的性命来换取他们中的任何一个。

小篆中的“惴”字

小篆中的“揣”字

鏖战

áo zhàn

鏖 战

释义

激烈地战斗，苦战。

辨析

“鏖”容易误读为lù。“鏖”是假借为“熬”，是苦战的意思。

起源与演变

“鏖”字从金。有人认为“鏖”中的“金”是金属，与金属武器有关；而“鹿”则与古时候的战争有关，因为前青铜器时代鹿下颌骨是人们常用的武器之一。“鏖”为激战、苦战，古人说“尽死杀人曰鏖”。

“战”是战斗的意思，《说文解字》将其解释为“从戈占声，斗也”。“戈”指的是古代的一种兵器，横刃，装有长柄。“干戈”“倒戈”“金戈铁马”等词均与这种武器有关。比如，“干戈”中的“干”与“戈”均是武器的一种，拿着干与戈作战，所以“干戈”就被用于借指战争。

【例句】

遥想着将士们在沙场鏖战，崇祯忽然动了骑马的兴致。

姚雪垠《李自成》

【字里字外】

“鏖战”在古文中使用很频繁，比如《新唐书 · 王翃传》中的“引兵三千与贼鏖战”，意思是说带兵三千，与敌人苦战。

除了鏖战外，古人形容战争的词语还有许多，在古人的诗句里可以窥见一二。

比如，辛弃疾在《永遇乐 · 京口北固亭怀古》中写道：“想当年，金戈铁马，气吞万里如虎。”意为遥想北伐时，兵马精良，气势如猛虎一般。

而王昌龄的名句“黄沙百战穿金甲，不破楼兰誓不还”则写出了战争的艰苦与战士们坚忍的意志。在荒凉的沙漠中，战士们身经百战，连身上的铠甲都被磨破。但是只要边患还没有肃清，大家就绝不解甲还乡。

金文中的“战”字

小篆中的“战”字

辩驳

biàn bó

辩 驳

释义

提出理由或根据来否定对方的意见。

辨析

要注意，辩论需要用话语，所以“辩驳”中的“辩”中间是言字旁。

起源与演变

“辩”是形声字，繁体字形为“辯”。《说文解字》说解为“从言，在辡（biǎn）声之间”，大意是说“辩”的意思和言语有关，读音依从“辡”，而且“言”在“辡”中间。《说文解字》将“辩”说解为“治也”，本义是治理，后引申出辩论之义。而“驳”字的甲骨文，左边表示马车，右边的“爻”取象于花纹，本义是马色不纯净，一种颜色掺杂着别的颜色。后来引申为否定别人的意见意思。

例句

他不满意枚少爷的答话，但也不加辩驳。

巴金《春》

「cán shí 蚕食」

【释义】

蚕吃桑叶。比喻逐步侵占。

【辨析】

“蚕食”是比喻像蚕吃桑叶般一点一点侵吞。弄清了意思，这个词就不难写了。“蚕”是一种昆虫，因此是虫字底。

【起源与演变】

蚕吃桑叶的时候是一点一点地“吞”，虽然每一口都不大，但是积少成多，很快就能吃完。因此，“蚕食”是逐渐吞噬的过程，是有步骤、有层次地推进侵占的过程。

和“蚕食”相对的，是“鲸吞”，鲸吃食物时张开大嘴，把许多小鱼小虾连同海水一齐吸进嘴里，然后闭上嘴，把海水从须板中间过滤掉，把小鱼小虾吞进肚子里，一顿就可以吃两千多公斤。所以“鲸吞”指的是一下子吞并。

“蚕食”“鲸吞”合在一起，“蚕食鲸吞”比喻逐步侵占或一举吞并。

【例句】

人们的白眼，人们的冷嘲热骂蚕食着她的身心。

巴金《怀念萧珊》

【字里字外】

中国古代农桑并举，种桑养蚕缫丝历史悠久，在新石器时代晚期人们就开始种桑养蚕，已有四千多年的历史，中国还曾被希腊人、罗马人称为“丝国”。蚕桑文化是中华文明的重要组成部分。

早在《诗经》中，就有了采桑养蚕的描写。例如《豳风·七月》：“春日载阳，有鸣仓庚。女执懿筐，遵彼微行，爰求柔桑。”大意是说：春天里阳光灿烂，黄莺在歌唱。姑娘们拿起高大的筐子，走在小路上，去采摘肥嫩的桑叶。描写了风和日丽的春日里，农村姑娘们为采桑养蚕而忙碌的情景。养蚕是重要的农事，也得到了历代统治者们的重视。在蚕生长的季节，皇后会率领一批贵妇，用一定的仪式去喂蚕，称为“亲蚕”。

“蚕”在中国文化中常常有“辛勤劳作”“奉献”的意象。唐朝李商隐《无题》中有“春蚕到死丝方尽，蜡炬成灰泪始干”的句子，来形容春蚕倾尽生命的奉献精神，我们现在经常把老师比作“春蚕”和“蜡烛”，形容老师的无私奉献。宋朝诗人张俞写了一首《蚕妇》诗：“昨日入城市，归来泪满巾。遍身罗绮者，不是养蚕人。”表现了养蚕人的辛苦。

cáo yùn 漕运

释义

旧时指国家从水道运输粮食，供应京城或接济军需。

辨析

漕运是与水相关的交通运输方式，因此不可写作“槽”。

起源与演变

“漕”，《说文解字》说解为“水转谷也。一曰人之所乘及船也”。即用水运送粮食之义。

漕运是我国历史上一项重要的经济制度。用今天的话来说，它就是利用水道（河道和海道）调运粮食（主要是公粮）的一种专业运输方式。中国历代封建王朝用这种运输方式将征自田赋的部分粮食经水路解往京师或其他指定地点。水路不通处辅以陆运，多用车载（山路或用人畜驮运），故又合称“转漕”或“漕辇”。运送粮食的目的是供宫廷消费、百官俸禄、军饷支付和民粮调剂。这种粮食称“漕粮”。

【例句】

大运河通航以来，一直是我国漕运和商旅来往的重要通道，在促进国家的统一、经济文化的发展等方面做出了重要贡献。

【字里字外】

漕运是利用水道调运粮食的一种专业运输方式，漕运制度是我国历史上一项重要的经济制度。运送粮食的目的是供宫廷消费、百官俸禄、军饷支付和民粮调剂，通过漕运运输的粮食叫作漕粮。漕运的方式有河运、水陆递运和海运三种。狭义的漕运仅指通过运河乃天然河道转运漕粮的河运。唐宋时期，随着经济重心的不断南移，漕运变得越来越重要，明清时期漕运更是成为封建王朝重要的生命线。

京杭大运河是我国历史上最著名的一条漕运水道，它的历史可以追溯到两千四百多年以前，吴王夫差进攻齐国需要运送士兵与粮草，于是征调大批民夫，在现在的扬州附近，开凿了一条连通长江与淮河的运河——邗（hán）沟，这成为后来京杭大运河江苏境内极为重要的一段。

隋统一中国后，隋炀帝为了加强对南方的控制以及实现巡游的目的，征发了数百万民工开凿了沟通南北的大运河。隋朝大运河以东都洛阳为中心，北达涿郡，南至余杭，全长两千五百公里，沟通了海河、黄河、淮河、长江、钱塘江五大水系，对南北经济文化交流、维护全国统一和加强中央集权制，都起到了促进作用。

chǎo jìn 朝觐

释义

臣子朝见君主。也指宗教徒拜谒圣像、圣地等。

辨析

人们容易把“觐”错读为jiàn。关于“觐”,《说文解字》中说“从见,堇(jǐn)声”。也容易将“觐”错写为“见”。

起源与演变

《毛诗故训传》:“觐,见也。”“觐”就是去见的意思。

“朝”左边是日在草中,右边为残月,指的是太阳已经从草木中升起而月亮尚未隐没。《说文解字》将其解释为“旦也”,本义是早晨,读为zhāo。后引申出朝见之义,即封建时代臣子见君主的意思,读cháo。

《礼记·乐记》中说“朝觐,然后诸侯知所以臣;耕藉,然后诸侯知所以敬”。意思是行朝觐之礼,使诸侯知道该怎样去做个贤臣;天子亲耕藉田,然后诸侯知道该怎样去敬奉先祖。

【例句】

二十年来，我越国君臣，侍奉吴国，翼翼小心，年年纳贡，岁岁朝觐。

曹禺等《胆剑篇》

【字里字外】

朝觐是古代诸侯定期从封地去朝见天子的一种制度。《周礼·秋官·大行人》中有“春朝诸侯而图天下事，秋觐以比邦国之功”的说法，可见朝觐包括朝礼和觐礼两个部分，春季拜见天子为“春朝”，秋季拜见为“秋觐”，合称为“朝觐”。

朝觐的时间，有五年一朝和三年一朝的不同说法。若不按时朝觐，则会被视为对天子大不敬。《孟子·告子下》中“一不朝，则贬其爵；再不朝，则削其地；三不朝，则六师移之”说的便是不朝觐的后果。

朝觐时，诸侯要亲自向天子汇报自己封地的情况，还要向天子献上玉器、珍玩等礼物，称为“朝贡”。除了遵守这些表示敬意的规矩之外，诸侯们还要按照当时的礼仪规定，穿着与自己地位相符的服饰，手持等级有别的礼器。整套朝觐礼节巨细无遗，非常烦琐。天子希望通过设立这种朝觐制度严格区别君臣等级，使相对独立的诸侯在各自封地能时时刻刻记住自己作为臣子的本分。

随着周天子势力的衰微，诸侯不按时朝觐，甚至数十年来都不去朝觐的情况与日俱增。对此，孔子也不禁感慨“礼崩乐坏”。

chuò xué 辍学

释义

中途停止上学。

辨析

“辍”不要误写成“缀”，误读成zhuì。“缀”是用针线等使连起来，也有组合字句篇章以及装饰的意思，一般用于“点缀”“连缀成篇”等。

起源与演变

《说文解字》把“辍”说解为“车小缺复合者”，本义是行车中途遇到障碍，因此中止了行进，后来引申为中止、停止的意思。《史记·陈涉世家》中有“陈涉少时，尝与人佣耕，辍耕之垄上，怅恨久之”的句子，“辍耕”就是暂时停止耕作的意思。

“孜孜不辍”是赞美一个人做事勤勉，持之以恒。不辍就是不放弃，不停止。一个人坚持写作，从不因为任何外在原因而停止，叫作“笔耕不辍”。相反，一个人要是中途停止了写作，就叫作“辍笔”或“辍毫栖牍”，也叫作“停笔藏牍”。

【例句】

可是因为家境困难，虽免费而仍须自供膳宿，不得不辍学的很多。

邹韬奋《萍踪寄语》

【字里字外】

“辍”“啜”“掇”“缀”四个都是形声字，声旁相同，长得很像，怎样区分呢？

“辍”，读音为chuò，与车有关，本义是中途停止、废止。“辍笔”是写作和作画没有完成，中途停止。“辍止”是终止。“辍斤”是停止挥斧，比喻没有伙伴，不再施展技艺。“辍食吐哺”是停止用饭，吐出口中的食物。

“啜”，也读chuò，与口有关，本义是尝、喝。“啜菽饮水”就是吃豆类，喝清水，形容生活很清苦。“啜汁”就是喝汤，比喻乘机邀功或沾光吃闲饭。“啜英咀华”比喻品赏、体味诗文的精华。“啜”后来也形容哭泣时抽噎的样子。

“掇”，读音为duō，与手有关，本义是拾取或用双手拿。“拾掇”的“掇”读轻声，意思是收拾整理或修理整治。“撺掇”的“掇”也读轻声，意思是鼓动别人干坏事。

“缀”，读音为zhuì，与丝线相关，意思是用针线等连接起来。“点缀”是指加以衬托或装饰，使原有事物更加美好；“连缀”就是连接、组合。

弹劾

tán hé

释义

在君主时代担任监察职务的官员检举其他官吏的罪状。也指某些国家的议会对存在违法失职或是职务上犯罪的官吏，采取揭发和追究法律责任的行为。

辨析

“劾”容易错写为“核”。“劾”的右半边“力”是有强力的意思，与弹劾的词语氛围相符。而“核”从木，本义为果核，与弹劾的语境相去甚远。

起源与演变

《说文解字》将“劾”说解为“法有罪也”，段玉裁注：“法者，谓以法施之。”也就是揭发罪状，使之伏法的意思。“弹”《说文解字》说解为“行丸也”，指弹弓，后来也有弹劾、抨击的意思。《旧唐书·职官志三》中有“凡中外百僚之事，应弹劾者，御史言于大夫”的说法。《旧唐书》记载的是唐朝的历史，可见“弹劾”一词在唐宋时期就已经出现。

例句

我们应该先行检举，提出弹劾。

茅盾《动摇》

【字里字外】

在中国，弹劾制度由来已久。在古代设置有御史或者监察御史，专门向皇上检举其他官员违法乱纪的行为。在当时写奏折弹劾一个官员，也经常说成“参×××一本”。

虽然古人多弹劾官员，但民间一直流传着刘墉弹劾皇帝的趣闻。

和珅和刘墉是死对头，一直想将刘墉除之而后快。于是他对刘墉说道：“刘墉呀，你为官清正廉明，无论对方什么来头，你都敢参他一本，但是有一位你一定不敢参。”

刘墉笑了笑：“只要你说出名字来，我就敢。”

“这一位就是当今圣上。”和珅笑道。在当时，弹劾皇帝弄不好就是杀头的罪过，刘墉不参，便是顶了清正的虚名；若参，弄不好就要丢官甚至丧命。

可没想到，刘墉面不改色，大摇大摆地跑去面见皇帝：“圣上，臣有一事想请教。不知道偷坟掘墓该当何罪呢？”

皇上说道：“按大清律法，当处死刑。”

刘墉不紧不慢地继续说道：“万岁重修明陵的事……”

皇帝这才明白，刘墉绕这么大圈子，是说自己借重修明陵的机会偷换明陵木料，用来为自己修建陵墓的事，这在当时要处以死刑。皇帝没办法，只好说道：“明年我去江南巡幸，就算是自罚充军流放了。刘墉，你胆敢参到朕的头上，你可知罪？”

刘墉心中早有准备，取下自己的顶戴花翎，算是愿意丢官罢职，向皇帝赔罪。

dǐ huǐ
诋毁

释义

毁谤；污蔑。

辨析

人们容易把“诋毁”中的“诋”字写错。“诋”是形声字，从言，氐（dǐ）声，本义为诬蔑，毁谤。诬蔑和毁谤都需要用语言，因此“诋”是言字旁。

需要区分的是，“报纸”的“纸”、“舔舐”的“舐”音旁都是“氏”；而“诋毁”的“诋”、“府邸”的“邸”、“砥砺”的“砥”音旁是“氐”，比“氏”多一点。

起源与演变

《说文解字》把“诋”说解为“苛也。一曰诃也”。“诋”的本义指的是苛刻，或指苛刻地责问。正是因为对人有苛刻的态度，才会有毁谤和污蔑的言辞。

例句

对手的诋毁，同伴的误解，都没有阻挡他前进的脚步。

尔虞我诈

ěr yú wǒ zhà

释义

彼此猜疑，互相欺骗。也说尔诈我虞。

辨析

“虞”不可读成上声。“诈”是欺骗之义，与言说有关，因此是言字旁，不可写成“炸”。

起源与演变

“尔虞我诈”出自《左传·宣公十五年》：“我无尔诈，尔无我虞。”意即你不骗我，我不骗你。“虞”是形声字，虍（hū）是形旁，意思是虎头。“虞”《说文解字》说解为“驺虞，白虎黑文，尾长于身，仁兽，食自死之肉”。本义是神话传说中的兽名“驺虞”。后来，“虞”多作为其他字的假借，而本义渐渐不再常用了。如“虞”与“娱”“度”相通，就是一种假借的用法。

例句

周围的那些庸人个个精神贫乏，空虚无聊，虚伪奸佞，尔虞我诈，一心追逐等级地位。

歌德《少年维特之烦恼》

【字里字外】

春秋中期，楚国在中原称霸，楚庄王根本不把邻近的小国放在眼里。一次，他派大夫申舟出使齐国，告诉他经过宋国的时候，不用向宋国借路。申舟认为这样会触怒宋国，但庄王坚持要他这样做，并向他保证，如果他被宋国处死，自己将出兵讨伐宋国，为他报仇。果然不出申舟所料，他经过宋国时因没有借路而被抓住，宋文公下令将申舟处死了。

消息传到楚国，庄王听到后火冒三丈，下令讨伐宋国。但是庄王用了很长时间还是没有把宋国的都城攻打下来。大夫申叔时献计道：“可以在这里让士兵盖房舍、种田，装作要长期留下。这样，宋国就会因害怕而投降。”庄王采纳了申叔时的建议，宋国人见了果然害怕。一天深夜，宋国大夫华元悄悄地混进楚军营地，找到楚军主帅子反，对他说：“宋国境内现在没有食物，情况已经非常危急，但我们宁肯灭亡也不会与你们签订丧权辱国的城下之盟。如果你们能退兵三十里，那么您怎么吩咐，我就怎么办！”

庄王听了子反的汇报后，下令楚军退兵三十里。于是双方停战，楚宋两国签订了盟约，上面写着“我无尔诈，尔无我虞”，意思就是我不欺骗你，你也不必防备我。

小篆中的“虍”字

小篆中的“虎”字

fǎn kuì
反馈

释义

（信息、反映等）返回。

辨析

“反”和“馈”都容易写错。“反馈”虽然是返回的意思，但是“反馈”的“反”不带走之旁；“馈”最初和赠送食物有关，因此左边是食字旁。

起源与演变

《说文解字》把“馈”说解为“饷也。从食，贵声”。说明“馈”的本义是进献食物给别人，以示讨好，后来引申出赠送的意思，且词义扩大，并不单指赠送食物，如“馈赠”。

例句

我们把这一消息反馈给北京，得到的回答更让我们吃惊：原来穆罕默德的家人比较警惕，由于他们事先没有得到穆罕默德的通知，弄不清楚我们的来路，为了安全便随口编了谎话。

李骥志、聂晓阳《一名巴格达小伙的未了心愿》

fěi bàng 诽谤

释义

议论是非，指责过失，故意捏造事实并加以散布，损害他人人格，破坏他人名誉的行为。

辨析

人们常常将“诽”的偏旁搞错，《现代汉语词典》解释“诽”为毁谤，指背地里议论，说人坏话，和语言有关，因此为言字旁。“谤”也与语言有关，也为言字旁。

起源与演变

《说文解字》把“诽”说解为“谤也”。可见，“诽”和“谤”为同义词，只不过“诽”是背地议论，“谤”是公开指责。比如《国语·周语上》中的“厉王虐，国人谤王”，说的便是厉王暴虐，民众纷纷公开指责他的暴行。

“诽谤”本来只是单纯表述议论和指责他人，并没有过多的贬义色彩，但后来引申为故意捏造事实，毁谤他人名誉的行为，如“诽谤罪”。与“诽谤”意思相近的词还有“中伤”“诋毁”“造谣”等。

【例句】

诽谤是一把刀子，总想把无辜逼上绝路，躺倒的确可以苟活，失去的却是高度。

汪国真《诽谤》

【字里字外】

“诽谤”作为罪责，在中国古代早已有之，但古代的诽谤罪与现代的并不尽相同。现代的诽谤罪主要是诋毁个人的人格、尊严和名誉等；而古代的诽谤罪多与政治有关，主要针对议论朝政失当，对皇帝或官僚有不敬之语等情况。

秦朝就有“诽谤妖言”的罪名。《史记·孝文本纪》：“今法有诽谤妖言之罪，是使众臣不敢尽情，而上无由闻过失也。”意思是说，在秦朝，直言劝谏的人总是被安上诽谤妖言的罪行。因此，群臣不敢表达自己的真实想法，统治者因此也没办法知道自己的政策有哪些过错了。

在古代，与诽谤近似的还有诬告的罪名。在古代有“诬告反坐”的规定，意思是如果诬告他人，犯人也要受到同样的刑罚处置。《唐律·斗讼律》规定：“诸诬告谋反及大逆者，斩；从者，绞。”意思是诬告他人谋反或者谋大逆的，主犯要被斩首，从犯要被处以绞刑。

「gǔ huò 蛊惑」

【释义】

毒害使迷惑。

【辨析】

同音词有“鼓惑”，为煽动迷惑之义，着重强调以某种思想、学说为工具煽动人心。同义成语有“诪张为幻”，二者都有“迷惑人”的意思，但“诪张为幻”强调用欺骗的手段来达到目的，“蛊惑”则指用制造舆论或谣言来达到目的。李时珍《本草纲目》中记载，把许多毒虫放入一个器皿中，最后吃掉其他的虫子唯一活下来的那个，就称为“蛊”。因此这个字上面是“虫”，下面是器皿的“皿”。

【起源与演变】

“蛊”《说文解字》说解为“腹中虫也”，本义是人肚子里的寄生虫，后指传说中的一种人工培养的毒虫，专用来害人。“蛊毒”泛指一切祸害人的毒物、毒药；“整蛊”则渐渐脱离了毒药、毒害的意思，是整人、搞恶作剧的意思。

【例句】

新中国成立初期，隐藏在人民内部的国民党反动派四处散播谣言，蛊惑人心，企图颠覆我党政权。

【字里字外】

《左传》中“皿虫为蛊”，简单介绍了“蛊”这种东西的本质和字形的来源。此后，我国文献中与此有关的记载渐渐多了起来。普遍认为，“蛊”是人工培育出来，专门用于害人的虫子，轻则让人生病，重则让人丧命。同时，“蛊”也被赋予了一些更为浪漫和神秘的用途，比如，有人相信对自己的爱人下了情蛊，那么爱人就会一辈子死心塌地地爱着自己，永远不会变心。很多传说中的痴情女子都试图用这种方法来挽回负心爱人的心意。

关于“蛊”的这些传说使它变成了一个带有神秘、恐怖色彩的字眼，但是不能简单地把这些归为迷信愚昧的行为，它有时候表达的是一种情感的寄托。比如某个男孩子和女孩子相爱了，男孩子离开家乡出去打工时，一直想念着女孩子，希望能早点回家见到她。我们就可以说，这是因为女孩子对这个远行的男孩子有一点蛊惑，让他时常牵挂。这只是一种浪漫的说法，并不代表女孩子真的给男孩子下了所谓的“情蛊”。

guǎn xiá
管辖

【释义】

管理；统辖（人员、事务、区域、案件等）。

【辨析】

“管辖”的“辖”的意思是车轴头上穿着的小铁棍，可以卡住车轮使不脱落。因此“辖”从车。

【起源与演变】

古代的“管”可以指开闭门户的钥匙。《左传·僖公三十二年》中“郑人使我掌其北门之管”，意思是说郑国人让我掌管他们国都北门的钥匙。“辖”是指车轴上用来阻止车轮脱落的关键部件，有时也代指车轴。《左传·哀公三年》中有“巾车脂辖”的说法，大意是主管车子的官员为车轴上油。《吴子·论将》中有“车坚管辖，舟利橹楫”之句，其中“管辖”指的是车的关键部件，常用来比喻重要地位、枢要所在，如晋孙绰《为功曹参军驳事笺》中有“纲纪居管辖之任”之句。后“管辖”又用作动词，意思是统辖管理。

【例句】

直辖市由国务院直接管辖。

【字里字外】

从汉朝开始成形的“州郡县”三级行政区划，在经历了三国两晋南北朝之后，到隋朝时已经名存实亡。唐太宗贞观元年时，将天下按照地形交通分成了十个“道”，按需要设官吏协助中央监管州级行政区。唐玄宗开元年间，又进一步分成了十五个道，各道置采访使，这些官吏只起监察作用。

但不久后发生了安史之乱，原本只用于边境地区的节度使制度在全国范围内被广泛使用。本来只主管军事而不管州县民政的节度使，也渐渐开始总揽一个区域的军民财政，所辖区域内各州刺史都要接受其管理。节度使也往往会兼任某一州的刺史，他们的辖区也称为“道”，或称“藩镇”，成为有实际权力的非正式行政区划。

到唐朝末年，已经出现了四十多个道和藩镇，其中大多数是节度使管辖。这种藩镇割据的局面最终导致了唐王朝的灭亡。

总的来说，在较长时期内，唐朝采用了“道州县”三级行政区划，但是“道”的实际权限相互间差异很大，变革繁多，而且其基础往往是节度使的实际权力膨胀，所以这一体系常被称为“虚三级”。唐初始设的“道”的概念，影响了之后的宋朝，成为“路”的原型。

会晤

huì wù

释义

会面；会见。

起源与演变

《说文解字》把“晤”说解为“明也”，意思是明白。“会”有会见的意思。“会晤”则指见面并谈清楚事务。人们写信经常在一开始写“见字如晤”，意思就是说看见信就像会面一样。

字里字外

汉语博大精深，光是表示见面的就有不下十个词，如“会晤”“见面”“会见”“拜见”“接见”等。

“晤面”和“见面”的意思一致，都强调面对面相见，但不用于口语而只用于书面语。“会晤”多用于正式场合，尤其是外交场合，多指国家领导人之间的见面。“会见”具有郑重的态度色彩，多用于外交场合与宾客相见以及一般场合与客人相见。

此外，身份高的人士会见身份低的人士，一般称为“接见”或“召见”；身份低的人士会见身份高的人士，一般称为“拜见”。

纠（jiū）缠（chán）

释义

绕在一起，也指搅扰，找人的麻烦。

辨析

《说文解字》把“缠”说解为“绕也”，本义是围绕、缠绕的意思，把“纠”说解为“绳三合也”，即三股绳子绞合在一起，引申为让人烦扰不休。与此类似的，还有“胡搅蛮缠”“难缠”等。

起源与演变

篆体字的“丝”字，表示两束蚕丝。取其一半作为绞丝旁。因此带有绞丝旁的汉字大多与丝线、纺织、布匹等相关，自然也因为丝线易缠绕的特性而衍生出缠绕、搅扰的意思。

“绞”指把两股以上的条状物扭在一起，如“好多问题绞合在一起”；“绑”指用绳、带等缠绕或捆扎，如“包袱上还绑着鞋”；“结”指在条状物上打成的疙瘩，引申为不易解决的问题，如“难以解开的心结”；“缭”本义指长长的丝线，也有缠绕、围绕之义，如“歌声缭绕不绝”。

juān kè
镌刻

释义

雕刻。

辨析

“镌”常被误读为juàn，其实应读juān，它的右半边“隽”才读作juàn。

起源与演变

《说文解字》把“镌”说解为“穿木镌也。从金，隽声。一曰琢石也”，“镌”的本义是刻木头的一种器物，所以从金。也表示凿、刻的意思，后来引申为深刻地记住，如“镌铭”（铭记）、“镌心”（铭记在心）。“镌”也有降低、减少之义，如“镌减”（削减）、“镌价”（减价）、“镌改”（删改），并从降低引申为降职之义，如“镌罚”（降职惩罚）、“镌级”（降低官阶）、“镌责”（降级追究责任）等。

“刻”，《说文解字》将其说解为“镂也”，是雕刻的意思。不仅可以用于刻印章、刻字，还可以指把重要的话、重要的人刻在心里。

【例句】

他们正在叮叮当当，在大石碑上，镌刻那些抗日烈士的不朽芳名。

孙犁《澹定集·乡里旧闻上》

【字里字外】

与“镌刻”很像的一个词是“雕琢”。

“雕”从隹（zhuī），周声。隹是一种短尾鸟，所以“雕”与鸟类有关，原指大型猛禽。“雕琢”的“雕”本来作“彫”，以“彡”为表义构件，后来借用“雕”字替代了“彫”，也用作“雕虫小技”（这里的虫不是指虫子，而是指一种字体，叫作鸟虫体）。

“琢”从玉，豖（chù）声。《说文解字》说解为“治玉也”。《礼记·学记》中有“玉不琢，不成器”的说法。它的本义就是雕刻加工玉石。

雕琢的本义是雕刻玉石使成器物。后来从雕刻玉器，使之越发精美的过程引申出刻意修饰文辞，使之更为美妙的意思。人们常用“极尽雕琢之能事”来形容过分修饰文辞。

小篆中的
“镌”字

小篆中的
“刻”字

kǎo jiu 考究

释义

查考，研究；或指精美；也有讲求、重视的意思。

辨析

“讲究”和“考究”都可做形容词，指精致美好；也都可做动词，表示注重某个方面。相对来说，“考究”比“讲究”程度稍微深些，含有“对所注重的方面细加考察推敲，以求达到高水平”的意味。

起源与演变

《说文解字》把“究”说解为“穷也”，也就是穷尽的意思，引申为谋划、探究。《魏书·高允传》“先所论者，本不注心；及更考究，果如君语”中的“考究”指查考、研究。后来“考究”做动词又有了讲求、重视的意思。

例句

在他们的身边，漂亮的救生圈、考究的游泳衣、精致的像蘑菇样的大洋伞和各种花花绿绿的酒瓶子堆了一大片。

杨沫《青春之歌》

lín xuǎn
遴选

释义

选拔（人才），泛指挑选。

辨析

“遴”是走之旁，因为这个字最早和走路有关。需要注意不可写成鱼字旁的“鳞”或石字旁的“磷”。

起源与演变

“遴”《说文解字》说解为“行难也”，即行路难，是形容词。后来泛指艰难，如“遴难”（艰难）。

该字也经常用于通假或假借，如可以假借为“吝”，《广雅》中记载：“遴，贪也。”意思是“遴”是贪婪之义，这里的“遴”与“吝”相通。“遴”在古文中也可与“鳞”通用，以形容众多。

由于其字义的复杂性和多变性，后来该字又引申出选择、挑选的意思。如“遴用”（挑选任用），“遴考”（经考核而选拔），“遴汰”（选择淘汰），“遴拔”（选拔）等。

【例句】

为了保护祖国的珍贵文化遗产，故宫博物院决定迅速遴选文物精品，装箱启运，避敌南迁。

【字里字外】

我国古代的官员遴选制度十分丰富。最早的一种叫作禅让制度，是传说中的尧、舜、禹时期的部落联盟民主推选首领的制度。夏朝的君主启取消了禅让制，改为世袭制度。

两汉时期推行了新的选官制度，包括察举、征召等。察举是一种由下而上推选人才为官的制度，是两汉选用官吏最主要的途径。察举的科目可分为两大类：一为经常性举行的科目，称作常科，一般是每年由州郡长官按规定的名额、标准向朝廷推荐人才；另一类为特科，是皇帝根据需要临时指定选士标准和名目的科目。察举常科中最主要的是孝廉科，注重的是被举荐人的道德修养，如孝敬父母、为人清廉等。

魏晋南北朝时期，官员遴选制度实行的是九品中正制，注重门第出身。后来最著名的官员遴选制度——科举制度则是从隋文帝时期开始，采用分科考试的办法选拔官员，后来隋炀帝建进士科，科举制度正式形成。科举制是中国古代的一项重要政治制度，对中国社会和文化产生了巨大影响。科举制一直延续到清朝末年，在1905年被废除。

偏袒

piān tǎn

释义

解衣裸露一肩，引申为袒护双方中的一方。

辨析

"袒"《说文解字》说解为"衣缝解也"，本义是脱去衣服露出上身。因此从衣旁。

起源与演变

"偏袒"的本义是解衣裸露一臂（或肩）。比如《战国策·燕三》："（樊於期）偏袒扼腕而进曰：'此臣日夜切齿拊心也，乃今得闻教。'"袒这一动作在古代常带有仪式性或是某种情绪流露的象征，如"袒臂"意为袒露胳膊，表示奋发、激昂或愿意归降；"袒肉"意为脱去上衣，裸露肢体，是古人谢罪或祭礼时的一种表示。在佛教中，佛教徒穿袈裟，袒露右肩，以表示恭敬，并便于执持法器。后来"偏袒"引申为偏护。

例句

杨过心想："你自然偏袒女儿，以后我不去惹她就是。"

金庸《神雕侠侣》

缫丝

sāo sī

缫丝

释义

把蚕茧煮过后抽出丝来。

起源与演变

“丝”的甲骨文字形像一束丝，《说文解字》把其小篆字形解释为“蚕所吐也”，也就是蚕丝之义。“缫”，《说文解字》将其解释为“绎茧为丝也”，煮蚕茧抽出蚕丝。《礼记·祭义》中“夫人缫三盆手”说的是缫丝时要把蚕茧在沸水里浸三次，这样容易抽出丝线的线头。《孟子·滕文公下》中有“夫人蚕缫，以为衣服”一句，说的是养蚕、缫丝是为了做衣服。

字里字外

缫丝需要用到缫车。《天工开物》中详细记载了缫丝的过程。缫丝时要先将蚕茧丢到沸水中，用竹棍搅动水面，慢慢就能看到自然露出的丝线头。然后要拽出丝线头，穿入竹针眼中，绕到竹棍做成的滚轮上，之后就是借助缫车不断抽丝的过程了。如果在缫丝过程中有丝线断裂，只需要用另一段丝线头接上去就行，不一定非要接着绕原来的丝。

煽情

shān qíng

【释义】

煽动人的感情或情绪。

【辨析】

“煽”字容易漏掉“火”部，误写为“扇”。“煽”和火有关，煽的是火，因此是火字旁，本义是炽盛。“扇”是摇动扇子，扇的是风，是指使空气加速流动成风。

【起源与演变】

“煽”是形声字，左边是一团火，右边是一把扇子，用扇子扇风使火越烧越旺就是“煽”。“煽”引申为蛊惑、煽动、鼓动别人做不应该做的事。比如“煽风点火”就是怂恿鼓动，挑起事端；“煽骗”就是招摇撞骗；“煽惑”是指煽动蛊惑人心。

【例句】

这部电影情节煽情，高潮处令人潸然泪下。

shāng què 商榷

释义

商讨、商量的意思。

辨析

“商榷”比“商量”更正式一些，使用时需要注意语境。

起源与演变

《说文解字》把“商”说解为“从外知内也”。本义是估量。后来引申出经商，以及商量之义。“榷”在《说文解字》中被解释为“水上横木，所以渡者也”，本义是水上横着的独木桥，后来引申为商量、商讨，还引申为专卖的意思，如“榷酤（gū）”“酒榷”的说法，说的是古代官府对酒享有生产和销售的专权。《汉书·武帝纪》中写道“始榷酒酤”。指的是汉朝禁止民众酿酒销售，只有官府可以酿造酒和销售酒。但是榷酤开始施行后，很多人反对，于是官府就取消了专卖，改为收酒税。

例句

人们对于李商隐名诗《锦瑟》的解释还有待商榷。

调侃
tiáo kǎn

释义

用言语戏弄，嘲笑。

辨析

“侃”字容易写错。“侃”《说文解字》说解为“刚直也。从㐰，㐰，古文信；从川，取其不舍昼夜。”

起源与演变

“侃”最初是形容和乐、从容不迫、刚直的样子。《论语·党乡》中“朝，与下大夫言，侃侃如也”，此处“侃侃”意通“衎衎”。这句话的意思就是孔子和下大夫说话，温和而快乐的样子。“侃侃而谈”形容从容不迫、理直气壮地谈话。《后汉书·向栩传》中“每朝廷大事，侃然正色，百官惮之”，“侃然”就是形容刚毅正直的样子。

例句

他想不到陈产丙竟不买他的交情，竟然阴阳怪气调侃他。

高晓声《极其简单的故事》

tūn shì 吞噬

【释义】

吞食，大口吃；吞没、湮没。

【辨析】

“噬”字较难写，容易与“嗜”相混。“噬”为大口吞食的意思，和嘴巴相关，所以从口字旁；“嗜”字意为“喜欢，爱好”，用于“嗜好”“嗜酒”等，虽然也从口字旁，但和嘴巴的关系并不特别密切。

【起源与演变】

《说文解字》把“噬”说解为“啗也，喙也”，本义为咬。后来省去“咬”这一动作，指直接吞食。此外，“噬”的右半边“筮”字，可以组成词组“卜筮”，和古代的巫术文化有关系，因此“吞噬”不仅仅是一个咬、吞的具体动作，还带有某种湮没一切的神秘力量。

【例句】

她觉得只有空虚和寂寞在她周围扩展着，包围了她，吞噬了她。

茅盾《昙》

修缮

xiū shàn

释义

修理（建筑物）。

辨析

人们常把“修缮”的“缮”字写错，需要注意“缮”是绞丝旁。同时也需要注意用法，“修缮”特指修理建筑物，而非一般的物品。

起源与演变

《说文解字》中把“缮”说解为“补也”。由此可见，“修”和“缮”意思差不多，都有修理之义，合成“修缮”一词意思仍然为修理、修补。“缮”是形声字，左边的绞丝旁说明它和丝绸纺织有关，右边的“善”，既是声旁也和意义有关，表示使完好。“缮”的本义就是缝补破损的丝织物，后来意义扩大引申为修补。

例句

房子稍微修缮了一下，里面有地坑，房外有木廊。

巴金《杨林同志》

yì bù yì qū
亦步亦趋

【释义】

比喻自己没有主张，或为了讨好，每件事都顺从别人，跟着人家走，追随和模仿别人。

【起源与演变】

“亦步亦趋”源自《庄子·田子方》：“夫子步亦步，夫子趋亦趋，夫子驰亦驰；夫子奔逸绝尘，而回瞠若乎后矣！”意思是：“老师，您慢步走的时候，我也慢步走；您快步走的时候，我也快步走；您跑步的时候，我也在跑步；但是如果您飞奔，我就只能眼睁睁地在后面看着您了。”这就是“亦步亦趋”的由来。

“亦步亦趋”原指紧紧跟随老师，向有本领的人多多学习，是一个褒义词，后来逐渐演变成了一个贬义词，指跟随模仿别人，自己没有创见。

【例句】

但能滑翔毕竟也是一种幸福，总比在烂泥里跋涉强，比在平路上亦步亦趋强……只要你会滑翔，你就会觉得自己早晚是要飞起来的……会的。

张抗抗《北极光》

yǐn háng gāo gē
引吭高歌

释义

放开喉咙高声歌唱。

辨析

“引吭高歌”的“吭”本来是指鸟的喉咙，后来泛指喉咙、嗓子，它的读音是háng，注意不要误读为kàng或kēng。

起源与演变

《说文解字》把“引”说解为“开弓也”。本义就是拉开弓。《孟子》中有“君子引而不发，跃如也”，是说君子教导别人时应该像教人射箭一样，拉满了弓，却不射出箭，只做出欲射的姿态，以便学习的人观摩领会。这里的“引”就是拉开弓的意思。“引”后来又由此引申出拉、伸的意思，“引吭高歌”的“引”就是拉、伸的意思。西晋潘岳《闲居赋》中有“顿足起舞，抗音高歌”之句，宋吕希纯《朱氏园》中写道：“殷勤更谢华亭鹤，引吭高声送我归。”后世多作“引吭高歌”。

【例句】

妇女们也发狂似的打着拍子，引吭高歌。

闻一多《说舞》

【字里字外】

据《列子·汤问》中记载，薛谭师从著名歌唱家秦青学习技艺，他聪明好学，嗓音又格外甜美嘹亮，所以成绩很好。一段时间后，薛谭觉得自己已经掌握了所有的歌唱诀窍，就想辞别老师，独自出去演唱。

秦青并没有阻止薛谭离开，而是在郊外为他饯行。在薛谭正要离开时，秦青自己打着拍子，引吭高歌起来。歌声高昂激越，直上云霄，甚至让森林都发出了美妙的回响，让天上飘荡的白云都停下来静静地倾听。薛谭被这美妙的歌声打动，如醉如痴，好半天才醒悟过来，请求留下来继续跟秦青学习，从此再也不说回去的事了。

甲骨文中的“弓”字

金文中的“弓”字

小篆中的“弓”字

小篆中的“引”字

zhuàn kè
篆刻

释义

雕刻印章的意思。因为印章多用篆文，所以叫篆刻。

辨析

人们容易依照雕刻印章的过程将“篆刻”曲解为拿工具钻和刻，并误写为“钻刻”。

其实，“篆”是一种汉字字体，有大篆和小篆两种，也是雕刻印章时常用的一种字体。在纸张发明之前，古人写字主要用的是竹简，所以“篆”有竹字头，书写时需要注意。

起源与演变

“篆”有两重含义。《说文解字》将“篆”解释为“引书也。谓引笔而箸之于竹帛”。意思是在竹简和白绢上运笔书写。“篆”也是一种汉字字体，包括大篆、小篆。

“刻”在《说文解字》中为“从刀，亥声。镂也”。“镂”为雕刻之义。“刻”本义为在木头上雕刻，后来引申为在任何材质上雕刻。

【例句】

欣赏篆刻需要有古文字学、书法、艺术等方面的修养。

【字里字外】

篆刻是中国特有的文化形式，是中国传统艺术中的瑰宝之一，具有很高的艺术价值。

篆刻的载体——印章，起源于商周时期。最初，印章分为官、私两类，都可称作“玺”。但在秦始皇统一中国后，“玺”成为皇帝印章的专称，因专用玉制，故称作玉玺。而官员与普通百姓的印章统称为“印”。

我们经常在一些古字画上看到多枚，甚至数十枚印章，这么多的印章都是创作者所印吗？当然不是，其实这些印主要包括三类：书面款印、书画收藏印与书画题跋印。这些印章不仅仅是创作、鉴赏或收藏之后的简单落款，而且也有诸多学问与诸多讲究。比如书面款印就有“印不过三”的说法，而且要讲究奇偶。这些本身就极具欣赏价值的印章，在落印时还要讲究位置，以及对于作品的呼应和构图的稳定，要达到对书画作品“锦上添花”的作用。

小小的一方印章，其实承载着古人的诗意与情调，以及对于美的不懈追求。文人们自篆自刻，在有限的印面里，展示着自己对于艺术的理解。正可谓“方寸之间，气象万千”，印石的温润、篆刻刀法的精妙、书法的雅致汇聚成一个个精妙绝伦的艺术品，点缀在中国艺术长廊中，熠熠生辉。

琢（zhuó）磨（mó）

释义

指的是雕刻和打磨（玉石），后来又有了加工使之更精美的意思，多指文章等。

辨析

《说文解字》把“琢”说解为“治玉也”，也就是雕刻加工玉石的意思，所以“琢”是王（也就是玉）字旁。《荀子》中写道：“和之璧，井里之厥也。玉人琢之，为天子宝。”大意是说闻名天下的和氏璧，起初只是井里的一块不起眼的石头；经过玉石匠人的加工，它才成为举世无双的宝玉，被国王皇帝所珍爱。“磨”在古代指打磨石器，所以“磨”字里有石字。

起源与演变

《诗经·卫风·淇奥》中有“如切如磋，如琢如磨”之句。《荀子·大略》写道：“人之于文学也，犹玉之于琢磨也。”“琢磨”的本义是雕刻打磨玉石，又可以用来比喻修养德业，研讨义理，修饰诗文等。宋王安石在《送石赓归宁》一诗中写道：“稍出平生言，道艺相琢磨。”“琢磨”还有另一个读音是zuó mo，读此音时，这个词的意思是思索、考虑。

【例句】

书稿尚嫌粗糙，有待琢磨完善。

【字里字外】

“琢磨”是制作玉器时玉石的加工程序之一。

古代在加工不同物体时叫法也不尽相同，比如加工骨头叫作“切”，加工象牙叫作“磋”，加工玉为“琢”，加工石为“磨”。切磋琢磨之后材料才能成为宝物，比如楚国人卞和的璞玉，在被雕琢打磨前，和普通石头没什么区别，但经过细致的加工后，就成了举世无双的宝玉。

通过琢磨，将外表普通的玉石慢慢雕琢为宝玉，这个过程使这个词也用来比喻学问的研究，品德的锻炼等。《礼记·学记》中有言：“玉不琢，不成器；人不学，不知道。”《荀子·大略》中也有“人之于文学也，犹玉之于琢磨也”这样的句子。这些语句用琢磨玉器来比喻人们研究学问、锤炼品德需要下大力气。

小篆中的“琢”字

隶书中的“琢”字

分道扬镳

fēn dào yáng biāo

释义

指分道而行，走上不同的道路。也比喻因目标不同而各奔前程或各干各的事情。

辨析

“镳”容易误写为“镖”。“扬镳”中的“镳”是马嚼子。分道扬镳是指扬鞭策马，分道而行。而“镖”从金，票声，《广韵》将其解释为“刀剑鞘下饰也”，本义指的是刀鞘末端装饰用的铜，现在主要是飞镖之义。

起源与演变

《说文解字》对“镳”的解释为“从金，麃声，马衔也”，也就是马嚼子。扬镳是提起马勒口，驱马前行。《文选 · 傅毅‘舞赋’》“龙骧（xiāng）横举，扬镳飞沫”一句中，“龙骧”指骏马，“横举”是昂首奔驰的样子，“扬镳飞沫”就是提起马勒口，骏马昂首奔驰，口边扬起飞沫的样子。“分道扬镳”最初只是分道而行的意思，后来也比喻因思想、志趣不同而各人干各人的事。

【例句】

他俩本来是好朋友，但自从那一次争执后，便分道扬镳了。

【字里字外】

“分道扬镳”出自《北史·列传第三·魏诸宗室》中“洛阳，我之丰沛，自应分道扬镳。自今以后，可分路而行”一句，讲述的是南北朝北魏时期，洛阳令元志的故事。

元志是北魏河间公元齐之子，十分聪慧，饱览诗书。孝文帝对他多有赏识，封为洛阳令。

元志恃才傲物，对朝廷中某些学问不高的达官贵族多有轻视，引来不少朝臣非议。

有一日，元志外出游玩，正巧御史中尉李彪的马车从对面驶来。两车相遇，元志却丝毫不愿给李彪让道。见元志无礼，李彪大怒：“我乃堂堂御史中尉，官职比你大，你为何不给我让路？”

元志毫不示弱，说道：“我乃洛阳令，是洛阳的地方官。在我眼中，你只是洛阳城中的百姓。哪有地方官给百姓让路的道理？”

两人争执不下，决定到孝文帝那里评理。孝文帝见这二人互不相让，也觉得各有各的道理，便笑着调解道：“洛阳是我的京城。我觉得你们各有各的道理。不如你们分道扬镳，各走各的，不就行了吗？”

式微

shì wēi

【释义】

指事物从兴盛转为衰落。有衰败之义。

【辨析】

“式微”容易被误以为是势力衰败而错写为“势微”。其实“式”是语气助词。“式微”直译为“衰败啊”。

【起源与演变】

《诗经·邶风·式微》中有“式微式微，胡不归”。“式”本义是法度、规矩的意思，在此用作语气助词。意思是天越来越黑暗了，天越来越黑暗了，怎么还不回家呢？于是该词在古代被用作思归的典故。除此之外，“微”也有微小、衰微的意思，比如《尔雅·释训》中有“式微式微者，微乎微者也”。现在，“式微”用于泛指日渐衰败。

【例句】

谁曾从丰裕跌落到贫乏，从高贵跌落到式微，那他对于世态炎凉的感觉，大概要加倍的深切罢。

茅盾《一个女性》

【字里字外】

对于《诗经·邶风·式微》，其实不同人有不同的解释。

式微式微，胡不归？

微君之故，胡为乎中露！

式微式微，胡不归？

微君之躬，胡为乎泥中！

有人说它反映的是家人盼望在外服徭役的亲人快点回家的急切心情。“天都黑了，天都黑了，为什么还不回去呢？要不是为了君主，也不会身披露水！天都黑了，天都黑了，为什么还不回去呢？要不是为了君主，也不会在泥泞中辛劳！”正是因为要外出服徭役，只能披星戴月，受此辛劳，有家无法回。

《毛诗序》中则认为这首诗是臣子劝谏黎侯归国。当时黎侯流亡在外，跟随他的臣子都劝他快点归国，重掌乾坤。意思是说：“暮色将至，国家衰微，我们为什么不快点回国去呢？要不是君主你安于现状不想回去，我们也不用流亡在外，与露水为伴！暮色将至，国家衰微，我们为什么不快点回国去呢？要不是因为君主你的原因，我们也不用处于泥泞！”

于是，在古代，“式微”同时具备思归、归隐和衰败两重含义。

唐王维《渭川田家》中写道：“即此羡闲逸，怅然吟式微。”大意是：如此安逸的田园乡村村民归家的情景，让我好羡慕啊，我不禁怅然地吟起《式微》。用的是思归之义。

明归有光《张翁八十寿序》中的“予以故家大族德厚源远，能自振于式微之后”用的则是衰败之义。意思是这个大家族一直有仁厚的德行，使得他们即便在家族衰败后也能通过自己的力量重新振兴。

昙花一现

tán huā yí xiàn

【释 义】

昙花开放后很快就会凋谢。比喻稀有的事物或显赫一时的人物出现不久就消逝。

【辨 析】

“昙”字容易写错。“昙”的上面是日，下面是云，本义就是密布的云。“昙天”就是多云天，形容云彩密布的样子。因此，昙花虽然是花，“昙”字却不是草字头。

【起源与演变】

“昙花一现”这个词出自佛经。“昙花”在佛经中指优昙钵罗花，是梵文音译，为“祥瑞灵异之花”。传说它生长于喜玛拉雅山，三千年才开花，开花后很快就会凋谢。因此“昙花一现”用来比喻事物稀有或极难得出现，也比喻事物一出现就很快消逝。

需要特别提到的是，“昙花一现”中的昙花，和我们经常说的观赏的昙花，并不是一回事。

【例句】

希望这种盛状不只是昙花一现而已。

【字里字外】

昙花为什么总是在黎明时分朝露初凝的那一刻才绽放？昙花为什么又叫韦陀花？原来，这里还有一段凄美的爱情佳话呢。

有一个传说，昙花原本是一位美丽的花神，她开着美丽的小花，日日绽放。有一位勤劳的小伙子，他爱花惜花，每天都来到花神身边，精心地照顾着她。渐渐地，花神和小伙子相爱了。

不料，这件事情被玉帝知道了。玉帝非常生气，恼羞成怒。为了拆散这对有情人，玉帝把花神贬为一年只能短暂绽放一次的昙花，还把小伙子送到灵枢山去出家，赐名韦陀，让他忘记前尘，潜心习佛。

许多年过去了，韦陀真的忘记了花神，但是花神却无法忘记这位曾经照顾过自己的情郎。每年的暮春时分，韦陀都会下山采春露，用春露给佛祖煎茶。为了和情郎相认，花神每年都选在韦陀采春露的时候默默绽放，可是过了这么久，韦陀哪里还能认得出她呢？

许多年后，花神和韦陀在佛国得以相见，韦陀记起了自己前世的这段姻缘，也得佛祖恩准，再续前缘。

昙花一现，只为韦陀，因此，昙花又名韦陀花。为了能与采春露的韦陀相见，昙花就选在了朝露初凝的时刻开放。

萧瑟

xiāo sè

萧瑟

【释义】

形容风吹树木的声音。也形容冷落，凄凉。

【辨析】

“萧”本义为一种植物，为草字头，不要错写为“箫”。

【起源与演变】

范仲淹《岳阳楼记》中有“满目萧然”，“萧”被引申为萧条、荒凉、没有生气的样子。“萧”与“瑟”一起，形容环境冷清凄凉，“萧瑟”也常作为拟声词，形容风吹树叶发出的声音。

中国古代文人士大夫往往借描写萧瑟的秋景来寄托自己内心的感伤和苦闷：秋风萧瑟天气凉，草木摇落露为霜（曹丕《燕歌行》）。作为感伤文学中重要的两种抒情模式，“美人迟暮”“伤春悲秋”抒发了文人对于岁月蹉跎、老而无成的感慨。

【例句】

秋给北平的城郊带来萧瑟，使它变成触目都是秋色，一点也不像一个大都市的外围了。

老舍《四世同堂》

zhū lián 株连

【释义】

指一人有罪而牵连他人。

【辨析】

连表示牵连，连接的意思。虽然古代一些文献中有使用“株联”的情况，但是应当以写作“株连”为正确。“株连”要区别于“珠联璧合”的“珠联”。“株连”又称“族诛”，意为将犯罪者的族人都诛杀掉的刑罚，但尽管株连与诛杀有关，却不能把“株”误写为“诛”，因为这里的“株”不是诛杀的意思，而是用树根之间的牵连来比喻人与人之间的牵连。

【起源与演变】

“株”本指露出地面的树根，根与根之间牵连甚多，因此人与人之间的牵连也就用株连来比喻了。

【例句】

许绅深知，如果一副药下去，嘉靖不能活过来，自己的结局必定是陪葬，甚至会株连家族、亲友。

王旭《御医的风险》

【字里字外】

因株连而牵扯出多人遭受刑罚的方式古已有之。“连坐”就是中国古代因他人犯罪而使与犯罪者有一定关系的人连带受刑的制度。又称“相坐”“随坐”“从坐”“缘坐”。

战国时期商鞅在秦国变法，为了巩固君主统治，颁布连坐法。连坐是在户籍编制的基础上实行的。法家认为，最亲密的夫妻和朋友，也不能互相包庇，而要向政府检举揭发，使得任何恶行都不能隐匿。实行连坐法的目的，就是要使得人民互相监视，互相揭发，一人有罪，五个人要因此受到惩罚，让任何人都没有办法为非作恶，以达到监管的目的。

株连的范围历代不一，诛灭亲族有三族、七族、九族乃至于十族，还有株连亲友、邻里、主仆、师生、同僚甚至整个村落。株连的名目十分繁多，有族诛、籍没、连坐、禁锢等。被株连者，或连带被株，或坐罪受刑，或籍没入官为奴。株连的罪名各代规定不同，但谋反、谋大逆均有株连。

小篆中的“株”字

小篆中的“连”字

àimèi 暧昧

【释义】

（态度、用意）含糊；不明白。也指（行为）不光明；不可告人。

【辨析】

首先，“暧昧”这两个字的偏旁易写错，“暧”是日光昏暗之义，“昧”是暗、不明之义，都与光有关，因此“暧昧”都是日字旁。其次，这两个字的右边也值得注意。“暧”的右边是“爱”而不是“爰”，“昧”的右边是“未”不是“末”。

【起源与演变】

“暧昧”一词古义是指日光不明，后来渐渐地引申为态度、用意不明，现在此词只用引申义。

【例句】

这婶婶是年青女人，对于这暧昧情形有所窘迫，也感到无话可说了。

沈从文《绅士的太太》

保长开始抱怨他的赌运，但他忽又暧昧地笑起来。

沙汀《还乡记》

跋扈

bá hù

释义

专横暴戾，欺上压下。

辨析

“跋”是形声字，足字旁表示意义类属，右边的“犮”表示声（在古音中读 bó），需要注意右边不要写成“发”。“扈”也是形声字，“户”是声旁，因此不可读作yì（邑）。

起源与演变

“跋”，《说文解字》说解为“蹎跋也”，本义是仆倒，后引申出踩踏之义。“涉”，《说文解字》说解为“徒行历水也”，也就是徒步过河的意思。

《左传·襄公二十八年》：“跋涉山川，蒙犯霜露。”形容旅途艰苦的“跋涉”一词就是由此而来。此外，“跋”作为名词还有两个词义，一是蜡烛的根部；二是一种文体。“扈”本义则是古地名或古国名。

“跋扈”本义是骄横强暴。

【例句】

如果像东汉末年的董卓那样，横行霸道，专横跋扈，雄而不奸，使用的是暴力手段，那只能叫枭雄。

易中天《奸雄之谜》

【字里字外】

杜甫曾经为李白写过一首诗："秋来相顾尚飘蓬，未就丹砂愧葛洪。痛饮狂歌空度日，飞扬跋扈为谁雄？"这首诗短短四句，却为"诗仙"李白勾画出了一幅形神兼备的生动画像。

李白尚远游，一生云游四海，足迹遍布大江南北。他曾虔诚地求仙访道，幻想着能使自己长生不老，羽化成仙，也曾举杯月下，诗兴大发，唯愿长醉不复醒。

李白一辈子恃才傲物，想在朝堂之上创下一番丰功伟业，但终究没有实现封侯拜相、建功立业的梦想。但他在酒酣兴至之时抒发壮志豪情的诗句却成就了他潇洒不羁的"诗仙"形象。

杜甫的这首《赠李白》，可以说是写尽李白一生风貌的传神之作。诗中的"飞扬跋扈"不是惯常的贬义用法，而是以"跋扈"中蕴含的目空一切、处事随心的意味，来形容李白自由不羁的灵魂，以及恣意挥洒的出众才华。

小篆中的"跋"字

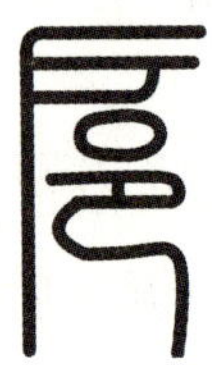

小篆中的"扈"字

斑驳陆离

bān bó lù lí

【释义】

形容色彩繁杂。

【辨析】

斑是指带有花纹（古文中用“文”来表示），因此中间是“文”字，注意不可写成“班”。

【起源与演变】

出自屈原的名作《离骚》：“纷总总其离合兮，斑陆离其上下。”意思是云霓越聚越多，忽离忽合，五光十色，上下左右飘浮荡漾。“斑”的本义是杂色的花纹或斑点。“驳”的甲骨文字形右边是“爻”（yáo），表示毛色混杂交织，左边是“马”，因此本义为马的毛色不纯。所以“斑驳”是指颜色相杂。陆离是形容色彩繁杂。

【例句】

方鸿渐恨不能说：“怪不得阁下的大作也是那样斑驳陆离。你们内行人并不以为奇怪，可是我们外行人要报告捕房捉贼起赃了。”

钱钟书《围城》

不屈不挠

bù qū bù náo

不屈不挠

释义

形容在困难或恶势力面前不屈服，不退缩。

辨析

《说文解字》把“挠”说解为“扰也”，也就是扰乱的意思。东汉班固在《汉书·晁错传》中写道：“匈奴之众易挠乱也。”其中“挠”就是扰的意思。“挠”的读音是náo，注意不要读成ráo。

起源与演变

《荀子·法行》里有“坚刚而不屈，义也……折而不桡，勇也”之句。“桡”指弯曲，后多通用“挠”。《汉书·叙传下》里有“乐昌笃实，不桡不诎”的句子，其中“诎”通“屈”，意思是屈服；整句话的大意是说乐昌侯老实厚道，性格刚直，从不屈服于恶势力。后世多用“不屈不挠”指在困难或巨大压力下坚强不屈，形容人的意志非常顽强，也作“不挠不屈”。

【例句】

他们不屈不挠地反对外来压迫者，从来没有放弃过。

【字里字外】

《汉书》的作者班固在撰写王商的传记时，评价他为人诚实公正，不屈不挠。

王商是西汉大臣，曾以外戚和朝中重臣的身份为汉成帝的登基保驾护航，因此受到汉成帝的敬重，被任命为丞相。他为人耿直，作风正派。

某一年秋天，忽有谣言称长安城要被洪水吞没，长安城里一片惊慌，甚至连大将军王凤等文武重臣也慌乱地劝成帝赶快避难。只有王商坚决反对，认为洪水要来是谣传，此刻成帝绝不能轻易撤离，以防民心动荡。

成帝采纳了王商的意见，后来证实洪水要来果然是个谣言。成帝因此对王商非常赞赏，王凤却从此对王商心怀不满。

王凤有个亲戚叫杨肜，是琅琊郡太守。他极不称职，管理的地方灾祸连连，王商因此要治他的罪。王凤为此亲自去见王商，为杨肜说情开脱。但王商坚持原则，还是免去了杨肜的官职。

王凤更加怀恨在心，于是勾结他人，诬陷王商。

汉成帝虽然有些犹豫，但迫于王凤的压力，最终还是免去了王商的丞相职位。王商悲愤交加，被免职三天后吐血而亡。

姹紫嫣红

chà zǐ yān hóng

释义

姹、嫣：娇艳。形容各种花朵娇艳美丽。

辨析

“姹”也写作“奼”，《说文解字》说解为“少女也”，所以从女字旁。这个词还有一个近义词是“万紫千红”，两个词都用来形容花朵的美丽，用法相似，在句子中主要用作谓语和定语。前者偏重指花朵的颜色美丽，后者偏重指花朵繁多。

起源与演变

“姹”本义指年轻的女孩，引申为娇艳、美丽之义，组词为“姹女”；后又有“夸耀”之义，如司马相如《子虚赋》中有“子虚过姹乌有先生”。

“嫣”本义为美好的样子，着重指人（主要是女子）的笑容美好，如“嫣然一笑”；后又引申用以形容花色浓艳、娇艳美丽。“嫣”在古代还有因身材高大而美丽之义。

【例句】

桃花、梅花、剑兰、菊花……花团锦簇，姹紫嫣红，摆满了花架。

秦牧《长街灯语·寄北方》

【字里字外】

“姹紫嫣红”出自明代汤显祖的《牡丹亭》。

女主人公杜丽娘在春日游赏自家花园后，感叹自己花一样的青春年华竟要在深闺中度过，“原来姹紫嫣红开遍，似这般都付与断井颓垣。良辰美景奈何天，赏心乐事谁家院！”她用盛放的鲜花自比，感慨自己就算聪明美丽，也如这废园中的鲜花一样无人欣赏，表达了自己寂寞孤独的内心。

此后，她那一颗不甘寂寞的少女春心就被撩动起来。她梦到自己与才子柳梦梅相会，醒来后相思成疾，一病身亡。多年后柳梦梅真的来到杜丽娘病逝的小院暂住，与丽娘的魂魄再次相会，两人倾心相爱，历尽波折，终成眷属。

《牡丹亭》与汤显祖的另外三部作品《紫钗记》《南柯记》《邯郸记》并称为“临川四梦”，是他最为著名的代表作。《牡丹亭》通过描写杜丽娘和柳梦梅生死离合的爱情故事，歌颂青年男女大胆追求自由爱情，坚决反对封建礼教的精神，揭露、批判了封建礼制的虚伪和残酷。曲辞华丽，对白机趣，兼有北曲的泼辣与南词的婉转，是中国古典浪漫主义词曲的杰作。

陡峭

dǒu qiào

释义

（山势等）坡度很大，直上直下的。

起源与演变

“陡”从阜，走声。从“阜”，表示与地形地势的高低上下有关。《集韵》里说：“陡，峻立也。”“陡”字的本义是指山势陡峭，后来引申出了“突然”的意思，如“陡然”。“峭”的意思是山石险峻。“陡”和“峭”合在一起是高低不平且坡度较大之义。

字里字外

古人爱登高，在古代诗词中，有很多描写山的名作。

例如杜甫的《望岳》：“岱宗夫如何，齐鲁青未了。造化钟神秀，阴阳割昏晓。”写出泰山的雄伟与秀美。

李白的《蜀道难》中有“剑阁峥嵘而崔嵬，一夫当关，万夫莫开”，写出了蜀山的雄奇险峻。

王安石的《登飞来峰》：“飞来山上千寻塔，闻说鸡鸣见日升。不畏浮云遮望眼，自缘身在最高层。”寄寓了“站得高才能望得远”的哲理。

独占鳌头
dú zhàn áo tóu

释义

原指中了状元，后泛指居于首位。

辨析

“占”也可写作“站”。“站”只是体现一种站立的状态，而“占”则有通过强力取得、处于某种地位或情势之义，相比较而言，这个词中用“占”更为妥当。

起源与演变

“鳌”是传说中的一种庞大的海生动物，头像乌龟，尾巴像鲤鱼，威猛无比，能够背起一座大山。“鳌头”指的是宫殿台阶上的鳌鱼的头。早在唐宋时期，皇帝殿前陛阶上便镌刻有巨大的鳌鱼头。科举进士发榜时，只有状元才能站在这里。

例句

目前，我国蚕茧总产量已超过了许多国家，在国际蚕丝市场上，我们已独占鳌头了。

【字里字外】

科举制是中国古代封建王朝通过考试选拔官吏的一种制度。科举制从隋朝大业三年（607）开始到清朝光绪三十一年（1905）结束，经历了约一千三百年。

正式科举考试分三级：乡试、会试、殿试。参加乡试的人是秀才，乡试考中称举人，第一名称解元，第二名至第十名称亚元。参加会试的人是举人，考中后称贡士，第一名称会元。殿试是皇帝亲自主持的考试，参加殿试的人是贡士，考中的统称进士。殿试分三甲，录取第一甲，赐进士及第；第二甲，赐进士出身；第三甲，赐同进士出身。第一甲录取三名，第一名俗称状元，第二名俗称榜眼，第三名俗称探花。接连在乡试、会试、殿试中考中第一名称为“连中三元”。

除了“独占鳌头”外，人们也常用“蟾宫折桂”“执牛耳”“榜首”“夺魁”等词语形容中状元。

小篆中的“鳌”字

甲骨文中的“占”字

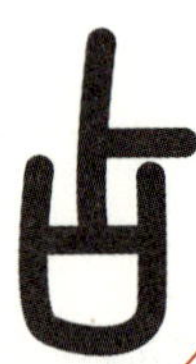

小篆中的“占”字

ěr shú néng xiáng
耳熟能详

释义

听的次数多了，熟悉得能详尽地说出来。

辨析

人们常把“耳熟能详”的“详”字写错，因为“详”的本义是详细地叙述，与语言有关，所以是言字旁。

起源与演变

《说文解字》把“详”说解为“审议也”。其本义是详细叙述。“耳熟能详”指的是经常听说从而能够详尽地叙述。

欧阳修《泷冈阡表》中“吾耳熟焉，故能详也”，意思是“听的次数多以至于极为熟悉，可以详尽地复述出来”，“耳熟”就是指“听得多了”。

例句

《死去了的阿Q时代》是大家耳熟能详的作品。

柯灵《向拓荒者致敬》

原来这位哲学家仍然花了十分之九的篇幅去批判康德的久已耳熟能详的反动性。

李亚农《欣然斋史论集》

【字里字外】

《泷冈阡表》是欧阳修的代表作，被誉为中国古代三大祭文之一。《泷冈阡表》是欧阳修在他父亲死后六十年所作的墓表（墓碑上的文字）。在这篇表文中，作者赞扬了父亲的孝顺与仁厚，母亲的俭约与安于贫贱。

表文记叙了欧阳修和母亲之间的对话。母亲回忆起欧阳修父亲在世时的所作所为，对欧阳修说："你父亲做官时，有一次夜里点着蜡烛看案卷，多次停下来叹气。我问他为什么，他说：'这是一个判了死罪的案子，我想为他求一条生路却办不到。'我问：'可以为死囚找生路吗？'他说：'想为他寻求生路却没办到，这样死者和我就都没有遗憾了。'"欧阳修的父亲还叮嘱他的母亲一定要把这些话告诉欧阳修，并且常常用这些话教育其他晚辈，希望他们能成为仁厚宽容的人。听得多了，他的母亲就说："吾耳熟焉，故能详也。"

这是"耳熟"的由来，除此之外，欧阳修的《归田录》中，还记叙了一个"手熟"的故事。有一个叫陈尧咨的人擅长射箭，当时没有人能与他相比，他对此扬扬自得。一天，他在自家园圃里练习射箭。有个卖油的老翁在一旁看，有些不以为然。陈尧咨于是问："你也懂得射箭？难道我射箭的技艺不精湛吗？"老翁说："没什么别的奥妙，只不过是手法熟练罢了。"说着，老翁取出一个葫芦放在地上，用一枚铜钱盖住葫芦的口，慢慢地用勺子把油倒进葫芦里，铜钱上竟然一滴油都没沾上。老翁笑着说："我亦无他，惟手熟尔。"意思是说，我也没有什么其他奥妙，只不过是手法熟练罢了。

fāng xīng wèi ài
方兴未艾

【释义】

事物正在兴起、发展，一时不会终止。多形容新事物正在蓬勃发展。

【辨析】

“艾”字往往容易被写错。《说文解字》把“艾”说解为“冰台也”。“冰台”别名艾蒿，是一种草本植物，因此“艾”为草字头。

【起源与演变】

“艾”有止和绝的意思。《诗·小雅·庭燎》中有“夜如何其，夜未艾”，其中“夜未艾”说的便是长夜漫漫还未终止，也就是天还未亮。

“方”在此用作副词，指刚刚，相当于“始”。有相同用法的还有“如梦方醒”。

“方兴未艾”意为正在兴盛阶段，还没有终止。多用于新事物出现之时，含有褒义色彩。这一成语出自宋代陆佃《陶山集·太学案问》：“大学之道，方兴未艾也。”

【例句】

我们的友谊，源远流长；我们的事业，方兴未艾！

冰心《十亿人民的心愿》

【字里字外】

“艾”有止、绝之义，因此容易让我们想到同样含有“艾”字的其他成语。

其中一个成语为“自怨自艾”，其中的“艾”通“刈”，读作yì，意思是刈割，斩除，后来用于比喻改正错误，“自怨自艾”原本指自己悔恨自己的过错并自己改正。现今，这个成语只剩下自我悔恨的意思了。

还有另外一个同样含有“艾”字的成语“期期艾艾（ài）”，此处的“艾”也不是“止、绝”的意思。“期期”和“艾艾”，都是形容口吃的人吐词重复。这个成语源于两个口吃人物的故事，因此后人便以此词来形容口吃的人吐词重复，说话不流利。

可见，同一个字用在不同的词语中，其含义也是不同的。在区分这些词语时，一定要结合语境和词语的来源，不可妄自揣摩。

小篆中的“艾”字

小篆中的“刈”字

gāo wū jiàn líng
高屋建瓴

【释义】

把瓶子里的水从高屋顶上倾倒，比喻居高临下，势不可挡。

【辨析】

很多人看到这个词会以为要在高高的屋顶上建造一个东西，这是望文生义导致的错误理解。掌握“建”“瓴”的意思后，就能够更好更准确地理解这个成语。“建”通“瀽”（jiǎn），是倾倒、倒水的意思。“瓴”从瓦，令声，从“瓦”，表示与陶器有关，本义是指一种盛水的瓶子。

【起源与演变】

这个成语最早出现在《史记·高祖本纪》中，“（秦中）地势便利，其以下兵于诸侯，譬犹居高屋之上建瓴水也”。最初用以形容关中地区（秦）地理形势优越，现在则用于评价领导人讲话、决断的高瞻远瞩。

【例句】

张局长的重要讲话既高屋建瓴，具有宏观指导性，又符合基层实际，具有很强的实践性。

【字里字外】

项羽兵败自杀之后，他的大将钟离昧逃了出来。因他曾经对韩信有恩，便投奔韩信。这事很快便传到了刘邦耳朵里。恰逢这时又有人向刘邦报告韩信暗地里正准备造反。刘邦大惊，他本来就觉得韩信功高震主，居功自傲，便萌生了杀掉韩信的念头。

但韩信兵强马壮，不好征讨。于是，陈平献计，建议刘邦假装巡行天下，出游云梦泽，韩信多半不会戒备，会按照礼节前去迎接，到时便可一举擒获。用这条计策，刘邦很轻易就捉住了韩信。

大夫田肯趁着道贺的机会给刘邦拍马屁：“您捉住了韩信，又在关中建都，这是我们应当庆贺的大事。关中地形险要，易守难攻，土地广阔，兵员众多。由于地势优越，如果派兵去攻打诸侯，真的好比是站在高屋顶上往下倾倒瓶里的水一样势不可挡啊！”刘邦听了这番话十分开心，随即赏赐了田肯五百金。

小篆中的“高”字

小篆中的“瓴”字

hé ǎi
和蔼

释义

态度温和，容易接近。

辨析

“蔼”字本来有草木生长繁茂之义，因此是草字头。“蔼”和“霭”容易混淆。这两个字都是形声字，当表示繁盛、和气的意思时，应该用“蔼”，当表示云气（和雨有关）的时候，应该用“霭”，如“烟霭”“暮霭”。

起源与演变

《广雅》：“蔼蔼，盛也。”《集韵》：“蔼，茂盛貌。”“蔼”字的本义是草木生长繁盛，如“幽蔼”“丛林蔼蔼”。后来也有和气、和善的意思，如“和蔼”“蔼然”。在古代汉语中，“蔼”有时通“霭”，但现代汉语则把二者区分开来。

例句

但不知怎的总觉得他其实是和蔼近人，并不如先前自己所揣想那样的可怕。

鲁迅《彷徨·离婚》

字里字外

“和蔼”“和气”和“和善”是近义词，它们都有态度温和的意思，但意义和用法有一定区别。

首先，这三个词的侧重点不同。“和蔼”侧重于形容人的性情温和，态度亲切，容易接近，一般是形容态度；“和气”侧重形容待人接物的态度温和，一般用来形容说话语气和缓；而“和善”侧重形容品质善良、态度温和。

其次，这三个词使用的对象不同。“和蔼”一般用于长辈、上级对晚辈、下级；“和气”“和善”则长幼不拘，适用范围较广。

再者，“和蔼”是书面语，“和气”多用于口语，“和善”则用于书面语、口语皆可。

最后，“和蔼”“和善”都只是形容词，“和气”还兼属名词。

金文中的“和”字

小篆中的“和”字

小篆中的“靄”字

小篆中的“藹”字

浑浑噩噩

hún hún è è

释义

形容混沌无知的样子。

辨析

“浑浑噩噩”现在多用来形容人糊里糊涂、混沌无知，因此“浑”容易被误写为“昏”。另外，“浑”也不能读作hūn；“噩”不能写作“恶”。

起源与演变

最早出自汉代扬雄的《法言·问神》：“虞夏之书浑浑尔，商书灏灏尔，周书噩噩尔。”意思是记载唐尧、虞舜、夏禹事迹的《虞夏书》深厚、严肃而质朴，记载商代事迹的《商书》则是漫漫而已，《周书》则严肃正大。浑浑：深厚的样子；噩噩：严肃的样子。“浑浑噩噩”原意是浑厚而严正，后来引申为混茫模糊，渐渐变为贬义的糊涂无知。

例句

“是的，”甘道夫说，“就算你这一路上都这样浑浑噩噩的，也该醒来了！”

价格不菲

jià gé bù fěi

释义

价格不便宜。

辨析

“价格不菲”中的“菲”字容易写错或者读错。“菲”本义是一种植物，所以是草字头。从读音上来说，“菲”是个多音字，在作菲菜、菲薄的意思讲时，读音是 fěi。而在形容花草美、香味浓的时候，读音是 fēi，如“芳菲”“菲菲”。

起源与演变

“菲”最初指菲菜，是一种芜菁类植物，又名“芴”。后来又有花草繁盛、香气浓郁的意思。后又引申出了微薄的意思，如“菲薄”，“价格不菲”即是指不便宜的意思。

例句

珠宝类鼻烟壶因色彩艳丽、小巧玲珑、光泽美观，深受人们的喜欢和欣赏，但有些价格不菲。

《文物收藏鉴赏辞典》

隽永

juàn yǒng

释义

诗文和语句意味深长，耐人寻味。

辨析

“隽”有两个读音，在“隽永”一词中读juàn。而读jùn时，通“俊”，有优秀、才智出众的意思，比如“隽材”“隽良”。

起源与演变

“隽”小篆字形从隹（zhuī），从弓。“隹”是一种短尾鸟，“弓”用来射鸟。《说文解字》说解为“肥肉也”，所以“隽”的本义是鸟肉肥美，后来泛指肥美之肉，美味。人们将肉之美味引申为诗文与语句之味美，赋予“隽”以意味悠长之义。宋黄庭坚《奉和王世弼寄上七兄先生用其韵》“吟哦口垂涎，嚼味有余隽”中的“余隽”就是意味深长的意思。

例句

正像鲁迅的小说《祝福》《故乡》《伤逝》等的结尾一样，不但蕴藉隽永，而且富于音乐感。

王蒙《我愿多分点好的故事》

开诚布公

kāi chéng bù gōng

释义

形容诚意待人，坦白无私。

辨析

“开诚布公”和“推心置腹”都有“诚恳待人”的意思。但“开诚布公”偏重通过坦白无私来展示内心的真诚。“推心置腹”则指将自己的赤诚的心放入别人的腹中，比喻真诚待人，多指心灵深处的诚挚，也用来形容情谊很深。二者有时也会连用，起到加强语意的效果。

起源与演变

晋陈寿在《三国志·蜀书·诸葛亮传论》中写道：“诸葛亮之为相国也……开诚心，布公道。”宋魏了翁在《画一榜喻将士》中有这样一句话，“今与将士，开诚布公，共图协济”。其中“开诚”指敞开胸怀，表露诚意；“布公”指公正无私地相告。后来人们用“开诚布公”指以诚相待，坦白无私。

【例句】

他和杨那时恰巧由同一所美国大学接待，相处了一个多月，有过几次开诚布公的长谈。

刘心武《栖凤楼》

【字里字外】

诸葛亮字孔明，号卧龙，三国时期蜀汉丞相，杰出的政治家、军事家、散文家。他在世时被封为武乡侯，死后追谥为忠武侯，故后世常以武侯、诸葛武侯尊称诸葛亮。其散文代表作有《出师表》《诫子书》等，文章情感真挚，文笔酣畅，是古代散文中的杰作。

诸葛亮一生“鞠躬尽瘁，死而后已”，是中国传统文化中忠臣与智者的代表人物。

作为蜀国的丞相，诸葛亮安抚百姓、向人民展示仪礼、约束官员、慎用权力，对人开诚布公、胸怀坦诚。为国尽忠效力的即使是自己的仇人也会加以赏赐，失职犯法的就算是他的亲信也会给予处罚，只要诚心认罪就给予宽大处理，巧言令色逃避责任就要从严惩处，再小的善良和功劳都会嘉奖，再小的过错也要处罚。他总能从根本上解决问题，不计较虚名而重视实际，终于使蜀国上下都对他心悦诚服，使用严刑峻法也没人有怨言，这是因为他用心端正坦诚，对人的劝诫又十分明确正当。

晋陈寿在《三国志》中评价他为“可谓识治之良才，管、萧之亚匹矣”，意思是说他是治理国家的优秀人才，其才能可以与管仲、萧何相媲美。

liào qiào 料峭

释义

形容微寒（多指春寒）。

辨析

“料峭”是叠韵联绵词，但偏旁不同，“料”不可写成山字旁。

起源与演变

料峭最早用来形容微寒，见于唐陆龟蒙的《京口》诗：“东风料峭客帆远，落叶夕阳天际明。”后来又由于多用于形容风之微寒，也引申为像被风吹似的来回摆动之态。“料峭”是书面语，因此多见于古诗词中，如宋楼采《二郎神》词：“正倦立银屏，新宽衣带，生怯轻寒料峭。”清孔尚任《桃花扇·寄扇》：“寒风料峭透冰绡，香炉懒去烧。”

例句

春寒料峭，酷似冬天，到夜里，萧萧寒风刮个不停，连屋里点着的灯也被风吹熄了。

紫式部《源氏物语》

lín cì zhì bǐ
鳞次栉比

释义

鳞，鱼鳞。次，顺序。比，并列。原指像鱼鳞和梳子的齿一样整齐排列。后来多用以形容房屋、船只等排列得很密集、很整齐。也用作“栉比鳞次”。

辨析

“栉”容易错写为“节”。“栉”，《说文解字》说解为“梳比之总名也”，意指梳子、篦子等梳发工具，而梳发工具多为木制，所以为木字旁。

另外，“鳞次栉比”多用于形容房屋和船只，不能错用于形容山丘连绵排布的样子。

起源与演变

现在人们熟悉的“比”多用于比较之义，比如“我比他人如何如何”“比上不足比下有余”。可在“鳞次栉比”中，“比”为何意思是并列呢？原来，在甲骨文中，“比”的字形是两个人排列在 起，并列是“比”的本义。

“鳞次栉比”源自宋李焘《续资治通鉴长编·真宗咸平四年》：“布为方阵，四面皆然，东西鳞次，前后栉比。”

【例句】

那商店铺面，楼房街舍，就沿着这条蜿蜒曲折的街道……鳞次栉比、层层叠叠，密集如蜂房蚁巢。

路遥《平凡的世界》

【字里字外】

栉是梳子和篦子的总称，是梳理头发的工具。梳子与篦子的区别在于梳子齿疏，而篦子齿密。

栉历史久远，大约可以追溯到新石器时代。其材质多样，有骨、玉、木、象牙、竹、铜、银、金等等。

古代妇女用梳子梳拢头发，用篦子清除发间异物。也喜欢将它们佩戴在头上，与步摇、簪、钗等一起点缀在发丝之间，作为美丽的装饰品。

在秦汉时期，因为人们多梳垂髻，所以佩戴梳子和篦子的还不多。但到唐朝时，插梳子和篦子的风气渐盛。那时的人们，喜欢将梳齿插入发髻，将梳把留在发外，因此梳篦上端的梳把部分，装饰极为重要。其制作，在中国古代工艺匠人的一双双巧手与精巧细腻的心思之下，工艺日精，有的雕刻花纹，有的包裹金箔，有的镶以宝石……千姿百态，精妙绝伦。

每况愈下

měi kuàng yù xià

释义

指情况越来越坏，越来越糟糕。

辨析

“愈”在古文里有更加的意思。用于“每况愈下”“愈演愈烈”。注意不要和“越”搞混。

起源与演变

“愈”从心。《说文解字》中将其解释为“病瘳（chōu）也”。“瘳”是病愈的意思。所以“愈”的本义是病好，用于“痊愈”“愈合”。《孟子·公孙丑下》中有“昔者疾，今日愈”，意思就是以前的疾病现在痊愈。“愈”也可用作副词，作为递进，有更加之义。“每况愈下”这个词最初是“每下愈况”，出自《庄子·知北游》：“正获之问于监市履狶也，每下愈况。”其中的“况”也并非情况，而是指因为对比而更加明显。

例句

的确，老辈一天少似一天，人才好像每况愈下。

钱钟书《围城》

【字里字外】

有一天，东郭子问庄子："你说的'道'，到底在哪里呢？"

庄子说："无所不在。"

东郭子不解，继续追问道："您能具体指清楚在哪里吗？您说清楚我才能懂。"

庄子答道："在蝼蚁中。"

东郭子很吃惊："道那么玄妙的东西，怎么可能存在于蝼蚁这么卑微的小生命中呢？"

庄子继续说道："道在野草里，在砖瓦里。"

东郭子愈加迷糊了："野草和砖瓦，这比蝼蚁还要卑下。道怎么会在这里？"

谁料庄子接着说道："道在屎尿里。"

看到庄子越说越把道往更低下更卑贱的东西上说，东郭子疑惑不解，沉默不语。

庄子这才解释道："一个叫获的市场管理员问屠夫，到底怎么才能判断猪的肥瘦呢？屠夫告诉他每下愈况。要把脚往下再往下，踩在猪下部的脚胫上，因为越靠下越是难长肉的地方。所以越往下踩，越能判断猪最真实的肥瘦。这就是'每下愈况'。道也是如此，越在卑微的地方越能显示出道的本质。"

"原来如此。"听了庄子一番解释，东郭子这才了解到庄子的用意，心悦诚服。

后来，"每下愈况"在传播中慢慢变成了"每况愈下"，并演变为越来越糟糕的意思。

méng lóng
朦胧

释义

光线微明的样子，模糊不清的样子，神志迷糊的样子。

辨析

月光不明是“朦胧”，两个字都是月字旁。还由月光不明引申出了不清楚、模糊的意思。日光不明是“曚昽”，两个字都是日字旁；而“睡眼蒙眬”的“蒙眬”是形容眼睛看东西模糊的样子，所以“眬”是目字旁，这个词规范的写法是“蒙眬”，而不是“矇眬”。

起源与演变

“朦”的左边是月字旁，表示月光；右边的“蒙”表音，本身也有遮盖的意思。月亮被云蒙住就不明亮了。

例句

她疲惫的朦胧的意识已经分辨不清，只是下意识地从那个人的臂弯里挣脱出来，无力地倒在沙滩上。

杨沫《青春之歌》

字里字外

朦胧不仅是一种状态，也是一种审美情趣和审美追求。中国人历来含蓄内敛，讲究意境，喜欢“犹抱琵琶半遮面”般的若隐若现，不喜直白，才有朦胧美的说法。

在20世纪80年代，中国诗坛兴起了“朦胧诗”。1980年8月，《诗刊》发表章明的《令人气闷的“朦胧”》一文，称那些“写得十分晦涩、怪僻，叫人读了几遍也得不到一个明确的印象，似懂非懂，半懂不懂，甚至完全不懂，百思不得其解”的诗为“朦胧体”。

朦胧诗派是中国20世纪80年代争议最多，影响最大、最深远的诗歌流派。之所以叫“朦胧”，主要是指诗境模糊朦胧而主题具有多义性。朦胧诗在艺术上大量运用隐喻、暗示、通感等手法，丰富了诗的内涵，增强了诗歌的想象空间。

朦胧诗派的代表诗人有顾城、北岛、舒婷、江河、杨炼、海子等，他们在中国当代诗坛占有一席之地。北岛的“卑鄙是卑鄙者的通行证，高尚是高尚者的墓志铭”、顾城的“黑夜给了我黑色的眼睛，我却用它寻找光明”、海子的“面朝大海，春暖花开”都是新诗中的名句。

小篆中的“朦”字

小篆中的“胧”字

懵懂

měng dǒng

释义

有点糊涂、迷糊，头脑不是很清楚或者不太能明辨事物。

辨析

“懵懂”中的“懵”从心，瞢声，是糊涂和心乱迷糊的意思。请注意不要误写为“蒙头蒙脑”的“蒙”。

起源与演变

“懵”是昏昧无知的样子。北宋沈括《梦溪笔谈》有云“此懵然者为之也”，意思是：这是愚昧糊涂的人所做的事。唐岑参《感旧赋》中有“上帝懵懵，莫知我冤”，意思是上苍也糊里糊涂，不知道我的冤屈。“懵懵”也有模糊不清的意思。梁朝江淹《贻袁常侍》中的诗句“懵懵云外山”描写的就是云雾笼罩山峦，看不真切的景色。

“懵懂”指人有点糊涂、迷糊，《红楼梦》中黛玉来见宝玉前以为他是“懵懂顽童”。现在“懵懂”也经常被人们用来形容孩童单纯天真，好多事情都不太清楚的样子。

拈轻怕重

niān qīng pà zhòng

释义

接受工作时挑拣轻易的，害怕繁重的。

辨析

人们常把“拈轻怕重”的“拈”字写错，“拈”东西需要用手，所以是提手旁。还需要注意，“拈”字读作niān，而不读zhān。

起源与演变

“拈”是形声字，从手，占声，本义是指用两三个手指头夹、捏取物品，比如“拈花”，有拣取之义，“信手拈来”就是随手用指头取来，“拈轻”就是挑选比较轻易的工作。

例句

不少的人对工作不负责任，拈轻怕重，把重担子推给人家，自己挑轻的。

毛泽东《纪念白求恩》

我班有个同志，叫他出车就高兴，不叫出车或做点其他工作就不大满意。还有的同志拈轻怕重，生怕累了自己。

雷锋《雷锋日记选》

蓬头垢面

péng tóu gòu miàn

蓬头垢面

释义

形容头发很乱，脸上很脏的样子。

辨析

“蓬头垢面”的“蓬”是一种草的名称，所以上面是草字头，引申为像蓬草一样乱，不要写成竹字头。“垢”读作gòu，不是hòu。

起源与演变

《说文解字》把“蓬”说解为“蒿也”。本义是一种草名，后引申为蓬松、散乱的意思。

《说文解字》把“垢”说解为“浊也”，本义是污秽、尘土一类的脏东西，因此是土字旁。《汉书·王莽传上》中写道：“阳朔中，世父大将军凤病，莽侍疾，亲尝药，乱首垢面，不解衣带连月。”后世多作“蓬头垢面”，形容仪容不整洁的样子，也有书中写作“垢面蓬头”“蓬首垢面”等。

【例句】

穷人的孩子蓬头垢面的在街上转，阔人的孩子娇形娇势娇声娇气的在家里转。

鲁迅《热风·随感录二十五》

【字里字外】

南北朝时期的北魏，有个叫封轨的人。他熟知儒家经典，为人朴实稳重，诚恳正直。

当时还有个叫高绰的读书人，也很有名气。封轨以方正刚直闻名，高绰则以风度气概著称。

文昭皇太后的哥哥高肇做了司徒，高绰约封轨一起去拜见他。高肇专搞结党营私，谁巴结他，就能升官，谁反对他，就要治罪，非常专横。封轨看不起他，就没和高绰去。

高绰因此自认在读书人的高洁气节方面比不上封轨。

封轨容貌英俊，身材高大，平时也十分注意自己的仪表。

于是有个不修边幅的文人便问他："读书人大都不重仪表，你为什么这么讲究呢？"

封轨说："品行好的人，戴帽子要戴得端正，穿衣服要穿得整洁，看人看东西要注意仪态。难道非要蓬头垢面的人才是贤人吗？"

那人听了，非常惭愧地走了。

扑朔迷离

pū shuò mí lí

【释 义】

比喻事物错综复杂，难于辨别。

【辨 析】

“朔”和“溯”很容易混淆，含有“朔”字的常用词有“扑朔迷离”“朔方”（指北方）；而含有“溯”的常用词则是“追溯”。

【起源与演变】

《说文解字》中把“朔”说解为“月一日始苏也”，意思是说，月亮的形状从农历每月初一开始从弦月向满月复苏。朔是月相名，指农历每月初一，月球运行到地球和太阳之间，和太阳同时出没，地球上看不到月光的月相；同时，朔日在古代即指农历初一。

“扑朔迷离”出自《木兰辞》。

【例 句】

这些传说尽管扑朔迷离，却唤起了我的希望。

王蒙《歌神》

【例句】

这样布置后，它打开了它的云库，拨给这区域的，有倏来倏去的云，扑朔迷离的雾，绮丽多彩的霞光，雪浪滚滚的云海。

徐迟《黄山记》

【字里字外】

北朝民歌《木兰辞》讲述了花木兰女扮男装替父从军的故事。诗的最后说："雄兔脚扑朔，雌兔眼迷离。两兔傍地走，安能辨我是雄雌？"用来比喻在一般情况下男女有别，但在战争的时候就难以分清。杂剧《女状元》讲述五代时才女黄崇嘏改扮男装应科举、中状元的佳话，里面又换了一种说法，"双兔傍地，难迷离扑朔之分"，意思表达得更清楚了。

"扑朔""迷离"究竟是什么意思，历来有不同说法。"扑朔"，有说法是指雄兔四脚爬搔或跳跃的样子；"迷离"指雌兔眼睛眯起。另外也有说"扑朔"是形容雄兔脚毛蓬松。辨别兔子的雌雄，常用的方法是拎着兔子的耳朵悬空起来，如四脚乱蹬，称作"扑朔"，就是雄兔；如两只眼睛眯起，叫作"迷离"，就是雌兔。但是，兔子在地上奔跑时，就很难辨识哪只是雄兔哪只是雌兔。所以，后来用"扑朔迷离"形容事物错综复杂，不易看清真相。

但是，余冠英先生在《乐府诗选》中注解《木兰辞》时，认为"雄兔脚扑朔，雌兔眼迷离"是互文，也就是说，雄兔既脚扑朔又眼迷离，雌兔既眼迷离又脚扑朔，所以才难辨雌雄。之后的很多注释也采用了这种说法。根据这种说法，扑朔、迷离并不是分辨雄雌的特征，而是雄雌一致的标志。

蹊跷

qī qiao

释义

可疑，奇怪，或指花招、不为人知的内幕等。

辨析

“蹊”是形声字，从足，奚声。“跷”也为形声字，从足，尧声。“蹊跷”是联绵词，泛指情况不正常、有点奇怪，需要等一等，弄清楚了再落足的意思。

起源与演变

“蹊跷”这个词最早出现在宋代，但是具体来源并没有定论。一般认为它可能是从“崎岖”这个词转化而来的。

“崎岖”的意思是地势阻塞不平，又可以引申为曲折、辗转、诡秘等意思。“崎岖”是个双声联绵词，字形和字序都不是固定的，可以变化，所以它在使用中又逐渐转化成“岖崎”。“岖崎”的读音再继续演化，变成了“屈奇”，同时，奇怪、诡秘，就成了主要词义了。

【例句】

起初，他颇担心那个老实人发觉了他的蹊跷，接着他就因为他的坦白善良自惭起来。

沙汀《一个秋天晚上》

宋江见了这个大汉走得蹊跷，慌忙起身，赶出茶房来，跟着那汉走。

施耐庵《水浒传》

【字里字外】

《汉书·广川惠王刘越传》中有“谋屈奇，起自绝”两句，这两句取自刘越的孙子刘去为他的姬妾陶望卿写的一首诗歌。

陶望卿是西汉美女，虽然是小家碧玉，但五官精致，身材苗条，长得非常漂亮。刘去继位后，将陶望卿强娶为妃，对她非常宠爱。刘去的王后叫昭信，非常嫉妒，怀恨在心，千方百计要置陶望卿于死地。她经常在刘去的面前状告陶望卿，甚至诬陷陶望卿与人通奸，刘去于是写诗警告陶望卿要注意自己的言行。这里的“屈奇”，就是“诡异、不正常”的意思。

除了“屈奇”之外，“岖崎”还转音为“跷崎”，义同“屈奇”。“跷崎”再转音为“跷蹊”，最后变成“蹊跷”。人们常用“这个事有蹊跷”“×××蹊跷死亡”等来表示不太正常，事情有疑点。

qiān xùn
谦逊

释义

谦虚恭谨。

辨析

人们常把“谦逊”的“逊”字错读为sūn。

起源与演变

《说文解字》把“逊”说解为“遁也”，引申为退避，退让，乃至谦卑恭顺的意思。而对“谦”字的解释是：“谦，敬也。从言，兼声。”意思是说，“谦”的意思是恭敬。字形采用“言”做偏旁，采用“兼”做声旁。另一种说法认为“兼”既是声旁也是形旁，是“歉”的省略，表示歉意，加上言字旁，字的意思是对自身的失误或不完善表示歉意不安。“谦”和“逊”合起来，指的是既谦虚又礼让之义。

例句

按道理说，他比瑞宣长一辈，可是他向来谦逊，所以客气地叫“瑞宣兄”。

老舍《四世同堂》

【字里字外】

谦逊是中华民族的传统美德，自古就有“满招损，谦受益”的警句，意思是自满会招致损失，谦虚则可以得到益处。其实，越是了不起的人，往往越谦逊。即使是万世师表的孔子也会谦虚地说“三人行，必有我师”。《三字经》里有一句是“昔仲尼，师项橐（tuó）”，据说圣人孔子曾经拜七岁的项橐为师。

《孔子项橐相问书》记叙了这个有趣的故事：一天，孔子正乘着车赶路，发现有一个小孩在路中央用沙土堆成了一座城，挡住了他的去路。这个小孩就是项橐。孔子下车，问道：“你为什么不给我让路呢？”项橐回答：“从古至今，只听说车要绕城而过，哪有城要避开车的道理？”

孔子觉得项橐说得有理，便只好绕道，但他决定要考考项橐，就问道：“何山无石？何水无鱼？何门无关？何车无轮？何牛无犊？何马无驹？何刀无环？何火无烟？何人无妇？何女无夫？何日不足？何日有余？何雄无雌？何树无枝？何城无使？何人无字？”问题如此之难，很多大人也不见得能答得出来。

没想到项橐很快就回答：“土山无石，井水无鱼，空门无关，舆车（小车）无轮，泥牛无犊，木马无驹，斫刀（砍刀）无环，萤火无烟，仙人无妇，玉女无夫，冬日不足，夏日有余，孤雄无雌，枯树无枝，空城无使，小儿无字。”

随后，孔子还问了项橐好多问题，项橐都一一作答，孔子惊讶极了，连说了几个“善哉”，并感叹“后生可畏”。

锲而不舍

qiè ér bù shě

释义

雕刻一件东西，一直刻下去不放手。形容有恒心，有毅力。

辨析

人们常把“锲而不舍”的“锲”字写错，“锲”是形声字，本义是镰刀，镰刀是金属制成的，所以“锲”是金字旁。只要理解了“锲而不舍”中，“锲”是雕刻金石的意思，也就不难记住它是金字旁。另外，“锲”字读qiè，不读qì。

起源与演变

《说文解字》把“锲”说解为“镰也。从金，契声”,意思是说“锲”是指镰刀一类的器具，它的意思和金属有关，声音和“契”有关。之后，“锲”又演变出了镂刻金石的意思。“锲而不舍”是指镂刻金石时能坚持、不放弃的精神。

与“锲而不舍”意思相近的有“持之以恒”“坚持不懈”“坚韧不拔”。反义词有“半途而废”“一曝十寒”等。

【例句】

要治这麻木状态的国度，只有一法，就是“韧”，也就是“锲而不舍”。

鲁迅《两地书·致许广平十二》

【字里字外】

“锲而不舍”出自《荀子·劝学》。

荀子名荀况，又称荀卿、孙卿，是战国时期赵国人，我国古代著名思想家、文学家、政治家，儒家代表人物之一。他主张“性恶论”，常常被拿来跟儒家另一位代表人物孟子的“性善论”相比较。

《荀子》是荀子思想的总结，共有三十二篇。《劝学》是《荀子》中的第一篇。劝学，顾名思义就是勉励人们努力学习。在这篇文章中，荀子围绕“学不可以已”这个中心论点，系统地论述了学习的理论和方法。荀子非常善于用比喻来说明道理，他说：“骐骥一跃，不能十步；驽马十驾，功在不舍。锲而舍之，朽木不折；锲而不舍，金石可镂。”大意是说，上等的骏马一跳跃，也不足十步远；劣马拉车走十天，也能走得很远，它的成功就在于坚持不停地走。雕刻东西时，如果刻几下就停下来了，那么即使是腐烂的木头也折不断；如果不停地刻下去，那么金石也能雕刻成功。这两句话形象地说明了学习贵在坚持，只要持之以恒，就一定会有所收获。

日臻完善

rì zhēn wán shàn

释义

一天天渐渐达到完美的境地。

辨析

“臻”在“日臻完善”中为动词，是到达的意思，不能误写为“榛”或者“珍”。“榛”是一种落叶乔木，因此从木。而“珍”是珍宝之义，与到达的意思也是相去甚远。

起源与演变

《说文解字》：“臻，至也。”《玉篇》将“臻”解释为“及也”。“臻”的本义是到，到达。如《诗经·小雅·雨无正》中有“如何昊天，辟言不信。如彼行迈，则靡所臻”，意思是：皇天皇天，该怎么办呢？王根本不听正确意见。就像路上乱跑的人，不知他要走到哪儿去。《西游记》中有“其多少斋僧布施，买金银纸锭，记库焚烧，故有此善果臻身”也用到了“臻”的到达之义。后来“臻”从到达的含义又引申出聚、众等义，故有褒义，如“百福具臻”。

擅长

shàn cháng

释义

在某方面具有特长。

辨析

“擅”字比较难写。“擅”是形声字，从手，亶（dǎn）声。长于某事或某种动作，需要借助“手”来完成，因此为提手旁。

起源与演变

《说文解字》把“擅”说解为“专也”，本义为专断，后引申为专长，善于。“擅干”是任意胡行；“擅政”是独揽朝政；“擅恣”是专权放肆；“擅柄”是独揽权柄；“擅美”是独享美名；“擅宠”是独受宠信或宠爱；“擅造”是冒昧地拜访；“擅离职守”是指擅自离开工作岗位，没有尽守自己的职责；“擅壑专丘”是指放情山水。

例句

过了十八年，我开始与陈从周教授相识，才知道他还擅长绘画。

叶圣陶《拙政诸园寄深眷》

【字里字外】

“擅长”和“善于”是一对同义词，它们既有相同之处，又有区别，在使用时需要多加注意。

两个词都表示对某方面比较熟悉，独具特长，能够运用自如，一般都做谓语，有时可以通用，但是组词时不能组错，不能写成“擅于”或“善长”。

在意义上，两个词也稍有区别。“擅长”重在表现在某方面有特殊的专长或对某一专业特别精通。例如，著名画家徐悲鸿以擅长画马著称于世。“善于”重在表现长处、优点，含有在某一方面好一点的意思，即在某一方面具有特长，但并不包含特别精通的意思，和“擅长”相比，程度差很多。例如，这位老师熟悉儿童心理，很善于和孩子们打交道。

另外，两个词一般都做谓语，不同的是，“擅长”可单独做谓语，“善于”则不行。例如，因为身材短小灵活，撑竿跳尤其擅长。（叶圣陶《倪焕之》）

小篆中的“擅”字

金文中的“善”字

奢侈

shē chǐ

释义

花费大量钱财，过分追求享受。

辨析

《韩非子·解老》中有“多费谓之侈”的说法。《说文解字》把“侈”说解为“掩胁也。一曰奢也”。“掩胁”，即自大。“侈”后来又由此义引申出了夸大之义。晋左思在《三都赋序》中有“侈言无验”的句子，其中“侈言”是夸大不实的言辞。

起源与演变

《说文解字》把“奢”说解为“张也”，清徐灏在《说文解字注笺》中写道：“奢者，侈靡放纵之义。故曰‘张’，言其张大也。”《左传·隐公三年》中有“骄奢淫泆”之句，其中“泆”同“逸”，“奢”指奢侈。“奢”后来又引申为过分的意思，比如卢仝在《走笔谢孟谏议寄新茶》中写道：“至精至好且不奢。”《国语·晋语八》中有“桓子骄泰奢侈”的说法，其中“奢侈”就是挥霍无度，过分追求享受的意思。

【例句】

奢侈和淫靡只是一种社会崩溃腐化的现象，决不是原因。

瞿秋白《关于女人》

【字里字外】

晋武帝统一全国后，渐渐疏于朝政，骄奢淫逸。世家大族在他的影响下也挥霍无度，奢侈成风。其中最著名的莫过于石崇和王恺斗富的故事。石崇和王恺都是西晋时的大富豪。王恺是晋武帝的舅父，权势很大。石崇为了显示自己的豪富，有意与王恺比拼。他听说王恺家用糖水洗锅，就命令厨房把蜡烛当柴烧。王恺听说后很不服气，于是在家门前的大路上用紫丝编成了四十里长的屏障。石崇成心想压倒王恺，便用比紫丝更贵重的彩缎，铺设了五十里长的屏障。

王恺不甘心，向晋武帝求助。晋武帝就把宫里收藏的一株两尺来高的珊瑚树赐给王恺。王恺得意地在家宴请石崇，并在宴席上拿出御赐的珊瑚树向石崇炫耀。其他宾客都对这株罕见的珊瑚树赞不绝口，只有石崇毫不在意，拿起铁如意就砸碎了珊瑚树。

王恺很生气，气急败坏地责备石崇。石崇却满不在乎地吩咐随从回家搬来了自己收藏的珊瑚树，让王恺随意挑选。看着那么多光彩夺目、品质比王恺那株高得多的珊瑚树，所有人都呆了。王恺这才知道石崇所拥有的财富远远超过自己，只好认输。

王恺和石崇后来的下场都不好，西晋王朝也是出了名的短命，这都是奢侈浪费惹的祸啊！

甚嚣尘上

shèn xiāo chén shàng

释义

比喻对某人某事的议论很多，也常用来形容某种负面言论特别嚣张。

辨析

“嚣”字多用来组成书面词语，平时较少用到，字形往往不为人所熟悉，写的时候要注意中间的部分是“页”，不要与“器”弄混。“器”从犬，《说文解字》说解为“象器之口，犬所以守之”，意思是器物很多，用狗看守。“器”的本义是器具，与表示喧闹的“嚣”不同。

起源与演变

“嚣”，《说文解字》说解为“声也。气出头上”，从众口之形，从页。页指人头。“嚣”本义是喧哗、闹哄。人们有时候也用“嚣尘”，用尘世的喧闹来代指世俗。“甚嚣尘上”这个成语出自《左传·成公十六年》中的“甚嚣，且尘上矣”，说的是楚军与晋军对战，楚王登车瞭望，看到晋军在阵地上填灶塞井，大排车马，便说道：“晋军那边好喧嚣，弄得尘土飞扬。”

生杀予夺

shēng shā yǔ duó

释义

指统治者掌握生死、赏罚的大权。

辨析

人们常把“生杀予夺”的“予”字写错，“予”是“给予”的意思，不能读作去声，也不能写成“于”或“与”。

起源与演变

“八柄”是古代君主统治驾驭大臣的八种手段，分别为爵、禄、废、置、杀、生、予、夺。第一种是给臣下爵位，使之尊贵；第二种是给俸禄，使之富有；第三种是废黜；第四种是安置臣下；第五种是诛杀；第六种是赦免臣下死罪；第七种是赐予、赏赐；第八种是罚。后四种合起来便是“生杀予夺”。

例句

琼华已经不再是天真少女的琼华，而是一颦一笑中有生杀予夺之权的一乡的女王。

茅盾《一个女性》

螳臂当车

táng bì dāng chē

【释义】

螳螂举起前腿想挡住车子前进。常用来比喻不估计自己的力量，就去做办不到的事情，必然会导致失败。

【辨析】

司马迁在《史记·项羽本纪》中写道：“料大王士卒足以当项王乎？”大意是说，估计大王的军队足够用来抵挡项王吗？明归有光在《项脊轩志》中有“垣墙周庭，以当南日”之句，意思是说在院子四周砌上围墙，用来挡住南面射来的日光。这两句中的“当”都是抵挡、阻挡的意思。“螳臂当车”的“当”意思也是抵挡、阻挡。注意“臂”读bì，不要读成bèi。

【起源与演变】

《庄子·人间世》中写道：“汝不知夫螳螂乎？怒其臂以当车辙，不知其不胜任也。”大意是：你不了解那螳螂吗？奋起它的臂膀去阻挡滚动的车轮，不明白自己的力量完全不能承受车的重量。后世便用“螳臂当车”这个成语来比喻不自量力，妄图抗拒强大的力量或做办不到的事情，也作“螳臂挡车”。

【例句】

反动派想要阻挡历史的前进，不过是螳臂当车而已。

毛泽东《满江红·和郭沫若同志》

【字里字外】

西汉刘安在《淮南子·人间训》中记载了这样一段故事："齐庄公出猎，有一虫举足将搏其轮。问其御曰：'此何虫也？'对曰：'此所谓螳螂者也。其为虫也，知进而不知却，不量力而轻敌。'庄公曰：'此为人而必为天下勇武矣。'回车而避之。勇武闻之，知所尽死矣。"

意思是说，春秋时，齐国的国君齐庄公，有一次坐着车子出去打猎，忽然看见路旁有一只小小的虫子，伸出两条臂膀似的前腿，想要来阻挡前进中的车轮。

庄公问驾车的人："这只虫子叫什么？"

驾车的人答道："这是一只螳螂，它见车子来了，不知赶快退避，却还要来阻挡，真是不自量力！"

庄公道："它要是人，必定是一个出色的勇士。"说着，就叫驾车的人从路旁绕过去避开它。

这件事情传开后，人们都说庄公敬爱勇士，便有好多勇敢的武士，纷纷前来投奔他。这个故事赞叹了螳螂勇往直前的进取精神，与后世用"螳臂当车"来比喻不自量力、自取灭亡的意思大不相同。

wéi wéi nuò nuò
唯唯诺诺

【释义】

形容一味顺从别人的意见。

【辨析】

如果不了解意思，可能会把“唯”字写成“维”或“惟”。“唯”表示的是答应的声音，所以是口字旁。在现代汉语中，“唯”和“惟”作“单单”“只”“只是”讲的时候，是相通的，如“唯一（惟一）”“唯独（惟独）”“唯恐（惟恐）”“唯利是图（惟利是图）”等。但“唯唯诺诺”“唯物主义”只能用“唯”，而“惟妙惟肖”只能用“惟”。

【起源与演变】

《说文解字》把“唯”说解为“诺也”，即答应。这是个形声字，意思依从“口”，声音依从“隹”。“唯”和“诺”本义都是答应。

【例句】

低眉顺眼，唯唯诺诺，才算一个好孩子，名之曰“有趣”。

鲁迅《且介亭杂文·从孩子的照相说起》

【字里字外】

《韩非子·八奸》第九篇开篇讲了八种危害君主的人及其行为，即同床、在旁、父兄、养殃、民萌、流行、威强、四方。

什么叫“在旁”？韩非子解释说：“优笑侏儒，左右近习，此人主未命而唯唯，未使而诺诺，先意承旨，观貌察色以先主心者也。此皆俱进俱退、皆应皆对、一辞同轨以移主心者也。为人臣者内事之以金玉玩好，外为之行不法，使之化其主，此之谓‘在旁’。”

这段话的大意是说：“在旁”主要是指艺人中的滑稽人和矮人，左右侍卫亲信等。这种人在君主还没有下令的时候就说是是是，还没有使唤就说好好好，在君主的意思还没有表达出来就能奉承君主的意图，能察言观色事先摸清君主的心意。他们共同进退，共同应诺回答，统一口径、统一行为来改变君主的心意。做臣子的通过内线用金玉珍宝贿赂他们，在外帮他们干不法之事，让他们影响君主，这就叫“在旁”。

人们经常用“唯唯诺诺”来形容此类小人屈于权贵，侍奉权贵的样子。后来“唯唯诺诺”引申为一味地顺从别人的意思。

小篆中的“唯”字

小篆中的“惟”字

娓娓动听

wěi wěi dòng tīng

释义

“娓娓”指的是说话连续不倦的样子。“娓娓动听”形容善于讲话，使人爱听。

辨析

《说文解字》对“娓”的解释是“顺也”。注意“娓娓”的“娓”是女字旁，不要误写成“尾”。

起源与演变

明高攀龙在《书医者顾仰蒲》一文中写道：“得人善，娓娓言之；得人不善，亦娓娓言之。”清章学诚在《书孝丰知县李梦登事》一文中有“执手论文，娓娓竟日”之句。这两句中的“娓娓”都是指说话滔滔不绝的样子。“娓娓”也可以用来形容说话动听，比如清黄六鸿在《福惠全书·刑名·刁奸》中写道：“若言一入耳，娓娓可听，亦将有不能自禁者矣。”“娓娓可听”后世多作“娓娓动听”。清曾朴在《孽海花》第三十四回中写道：“就把英语来对答，倒也说得清脆悠扬，娓娓动听。”

【例句】

她讲得娓娓动听，妹仔听着忽而笑容满面，忽而愁眉双锁。

邹韬奋《“经历”附录·我的母亲》

【字里字外】

宰予字子我，亦称宰我，春秋末鲁国人，是孔子的弟子，曾随孔子周游列国，游历期间常受孔子派遣，使于齐国、楚国等。

宰予思维活跃，能言善辩，说起话来又娓娓动听。孔子一开始很喜欢他，认为他将来一定会很有出息。孔子曾说，自己的弟子中以言语取胜的弟子只有两人，宰予第一，子贡第二。

但宰予并不是很勤奋，曾因为懒惰被孔子严厉地责备过。

有一天，孔子给弟子讲课，发现宰予没有来，就派弟子去找他。过了一会儿，弟子回来报告说，宰予正在房间里睡觉呢。

孔子听了很生气，说：“朽木不可雕也，粪土之墙不可杇也！于予与何诛？”大意是说：腐烂的木头不能雕刻，粪土一样的墙壁不能粉刷，对于宰予这样的人，还有什么好责备的呢？

他还因此自我反省道：“始吾于人也，听其言而信其行；今吾于人也，听其言而观其行，于予与改是。”这段话的大意是：最初我听到别人说的话，就会相信他的行为一定与他说的话一样；但是现在我听到别人说的话后，还要考察一下他的行为。这是由于宰予的事才改变的呀。

xiāo yǒng shàn zhàn 骁勇善战

释义

勇猛而擅长作战。

辨析

以“尧”做声旁的汉字有的读rao，如“缠绕”的“绕”、“富饶”的“饶”、“妖娆”的“娆”等；有的读xiao，如“破晓”的“晓”、“骁勇”的“骁”等。

起源与演变

《说文解字》将“骁”说解为“良马也”。“骁”从良马引申为勇猛矫健，用于“骁将”“骁勇”等。“骁勇”在古文中既是形容词又是名词，做名词时指勇猛的士卒，如《为石仲容与孙皓书》中“骁勇百万，畜力待时”。

例句

这个从一个偏乡僻壤里走出来的汉子，这个在战场上骁勇善战的斗士，这个无师自通从战争中学习战争成长起来的高级将领，已经走向了他人生最为辉煌的峰巅。

徐贵祥《历史的天空》

xìn shǒu niān lái
信手拈来

释义

随手拿来。多形容写文章时词汇或材料丰富，不费思索，就能写出来。

辨析

“拈”读作niān，不读zhān。虽然“拈”的声旁是“占”，但读音与“占”有所不同，类似的汉字还有“粘”“黏”等。以“占”为声旁的汉字还有读tie音的，如“贴”“帖”等。

起源与演变

“信”的本义是“诚实，不欺骗”，《说文解字》说解为“诚也。从人从言。会意”。后来逐渐引申出信任、放任、随便等意思。如白居易《琵琶行》中有“低眉信手续续弹，说尽心中无限事”的诗句，“信手”的“信”，与“闲庭信步”的“信”都是放任、随便的意思。“拈”的本义是用指取物，如“拈毫”意为拿笔，借指写作或绘画；“拈阄”即抓阄，强调的也是用手指拿取纸团的动作。“拈”后来引申出摆弄、把玩的意思，可组词“拈弄”“拈花弄月”等。

【例句】

总理在答问中旁征博引，信手拈来，可见他一定是博览群书。这也体现了他的独特风格。

【字里字外】

唐代著名诗人李贺极具才华，被称为“诗鬼”。李贺的诗想象力丰富，意境诡异华丽，在遣词造句上追求奇险，作品的风格同唐朝其他诗人迥然不同。李贺的作品经过刻意锤炼，造语奇谲，凝练峭拔。他的笔下有许多精警、奇峭而有独创性的语言，但他能创作出这些精妙的诗句并非全是依仗自己的天赋。

据说李贺经常出门搜集创作素材，他背着一只旧锦囊，骑着一匹瘦马，外出游历，观察生活。每当他触景生情，才思涌现时，便立即把脑中浮现的诗句记在纸条上，然后投入锦囊中。晚上回家后，他再把那些记有零星诗句的纸条掏出来，进行进一步的整理加工。他总是精心构思，反复推敲，把偶然得来的灵感化为完整的诗篇。靠着这样的习惯，他才能做到信手拈来，一首首新奇瑰丽的诗作就是这样在他的笔下诞生的。

小篆中的“信”字

小篆中的“拈”字

xǔ xǔ rú shēng
栩栩如生

释义

栩栩，生动活泼的样子。形容艺术形象非常逼真，像活的一样。

辨析

“栩”原来和树有关，因此是木字旁，需注意这个字不读yǔ，而读xǔ。

起源与演变

“栩栩”指生动活泼的样子，“如生”，即从字面上理解为“像活的一样”。“栩栩”出自《庄子·齐物论》中“昔者庄周梦为胡蝶，栩栩然胡蝶也，自喻适志与！不知周也。俄然觉，则蘧蘧然周也。不知周之梦为胡蝶与，胡蝶之梦为周与？周与胡蝶，则必有分矣。此之谓物化”。

例句

这些画里的虾所以栩栩如生，是由于他深刻观察过真正的虾的生活。

秦牧《艺海拾贝·虾趣》

雕刻就的山水、人物、翎毛、花卉，无不栩栩如生。

欧阳巨源《负曝闲谈》

【字里字外】

《庄子·齐物论》中庄周梦蝶的故事，是说庄周做了一场梦，梦见自己变成了蝴蝶，活灵活现，跟真的一样，他觉得非常快活得意，简直忘记了世界上还有庄周这么一个人。突然间醒过来，惊惶不定之间发现原来自己是庄周。不知是庄周梦中变成蝴蝶呢，还是蝴蝶梦中变成庄周呢？庄周与蝴蝶必定是有区别的。这就叫作“物化”。

这则寓言极其短小，却包含着庄子哲学的精华，是庄子哲学的代表，也是中国文化史上一个著名的典故。这个故事的寓意究竟是什么，众说纷纭。通常认为，庄周梦蝶提出了人不可能确切地区分真实与虚幻的观点。也有人认为，这则故事是说世间万物从现象来说有差别，但从“道”的角度讲，又没有差别，梦中化蝶，打破了主观和客观之间的界限，体现了庄子“物我合一”的思想。还有说法认为它触及了人类最沉重的话题——生死。

这则小故事梦幻迷离，包含着浪漫的思想情感和丰富的哲学话题，引发后世众多文人的共鸣，例如李商隐《锦瑟》中，就有“庄生晓梦迷蝴蝶，望帝春心托杜鹃”的名句。

甲骨文中的“羽”字

小篆中的“栩”字

一塌糊涂

yì tā hú tú

释义

形容乱到不可收拾，糟糕到不可收拾。

辨析

《广雅》中有“塌，堕也”的说法。“塌”就是倒塌。“一塌糊涂”的“塌”，不要写成“蹋”或“踏”。此外，“塌”读tā，注意不要读成tà。

起源与演变

清吴敬梓在《儒林外史》中写道：“不但人拿的糊涂，连这牌票上的文法也有些糊涂。”这里的“糊涂”是含糊、不明确，又作“胡涂”。清曾朴《孽海花》中写道：“与其顾惜场面，硬充好汉，到临了弄得一塌糊涂，还不如一老一实，揭破真情，自寻生路。”“一塌糊涂”用来形容事情很糟、很乱。

例句

我见过一些西方作家的手稿，有人甚至把校样都改得一塌糊涂，我自己也有过这样的事情。

巴金《随想录》

一叶障目

yí yè zhàng mù

【释义】

比喻被局部的或暂时的现象所迷惑，不能认清事物的全貌或者问题的本质。

【辨析】

《说文解字》把“障”说解为“隔也”，本义就是阻隔，引申为遮蔽之义，注意：不要把“一叶障目”的“障”写成“章”或者“瞕”。

【起源与演变】

《鹖冠子·上·天则》中写道：“一叶蔽目，不见太山；两豆塞耳，不闻雷霆。”“一叶蔽目，不见太山”也作“一叶蔽目”，或作“一叶障目”。古代典籍中“一叶蔽目，不见太山”也可以省作“一叶迷山”。清高珩在《聊斋志异序》中写道：“后世拘墟之士，双瞳如豆，一叶迷山，目所不见，率以仲尼‘不语’为辞。”大意是说后世那些目光短浅的人总是被局部或暂时的现象所迷惑，看不清事物的全貌或问题的本质；他们的眼睛看不见的，就都以孔子不谈论怪力乱神为借口敷衍。

【例句】

他们……或则拿一时一地的强弱现象代替了全体中的强弱现象，一叶障目，不见泰山，而自以为是。

毛泽东《论持久战》

【字里字外】

三国时期魏国的邯郸淳编纂的《笑林》中记载了这样一则有关“一叶障目”的笑话。

楚国有个人家里很穷。一天他看到《淮南子》中说，螳螂捕蝉时会用树叶遮住自己的身体以达到隐身的效果。他想，自己要是得到螳螂的那片树叶，应该也能隐身了。

于是，他高兴地跑到树下，好不容易才找到一片这样的树叶，却不料一时失手，那片树叶竟飘落到了地上，与一堆树叶混在一起无法辨认。没有办法，他只好将所有落叶都收拾起来带回家中。

到家后，他一片一片拿起树叶来遮住自己的眼睛，然后问他的妻子：“你还能看见我吗？”开始时，他妻子一直说：“能看见。”后来，折腾了一整天，妻子早就疲倦不堪，很不耐烦，便骗他说：“看不见了！”

这人听了心下大喜，急忙拿着选出的树叶跑到集市上，举起树叶就旁若无人地当面拿别人的东西。结果被当场抓住，押送到了官府。县官听他说完事情的始末后，忍不住哈哈大笑，认为他是个书呆子，训斥了一顿就把他释放了，并没有惩治他。

贻害无穷
yí hài wú qióng

【释义】

因对某人某事处理不当，留下了无法根除的祸害。又作贻患无穷。

【辨析】

“贻”从贝，台声，本义是赠送，引申出遗留的意思，用于“贻害无穷”和“贻笑大方”。注意：“贻”不要与同音字“遗”混淆。

【起源与演变】

汉代魏伯阳《参同契》中曾有这样的记载：“炉鼎铅汞，皆是寓言，非言炼烧。方士转向附会，遂贻害无穷。”古时所说的“炉鼎”，是指用来烧炼化合物的器具；“铅汞”是指炼丹过程中最常用到的铅、水银等物质。意思是说炼丹并没有药方，古书中记载的“炉鼎铅汞”本来是用来指称修炼身心的一种比喻，却被愚昧的方士们当真，穿凿附会，如法炮制，真的用铅、水银这些剧毒物质烧成丹药给人吃，以致贻害无穷，给后世留下了无穷的祸患。

【例句】

弄到今日国穷民困，贻害无穷，思想起来，实实令人可恨。

李宝嘉《文明小史》

【字里字外】

人们可能不明白“贻”作遗留讲，为何为贝字旁呢？“贻”的本义其实是赠送财物。在中国汉字中，与财产、金钱有关的很多字，都是贝字旁。这是为什么呢？

因为在远古时期，原始社会的人们曾以贝壳作为交易的中介物，相当于现在的货币。《史记·平准书》中记载“农工商交易之路通，而龟贝金钱刀布之币兴焉……虞夏之币，金为三品，或黄、或白、或赤，或钱、或布，或刀、或龟贝”，司马迁指出夏朝时就用龟壳、贝壳来作为货币。《说文解字》中对“贝”的解释为“古者货贝而宝龟，周而有泉，至秦废贝行钱”，说明贝壳从远古一直到秦朝，都是非常重要的货币。在贝壳不足的时代，人们还以金、铜、骨等材料仿制贝壳，铜仿贝是中国金属铸币的开始。因此与财产、金钱有关的很多字都是贝字旁。比如“买卖”在繁体中写作“買賣”，都从貝（即“贝”的繁体字）。此外，“贿”“赂”“赔”“财”等，均是如此。

可能有人会问，“钱”也是财物，为何不是贝字旁？

“钱”从金，是商周时期的一种农具，也曾被用作交易的媒介。后来人们仿照它的形状铸造货币，于是“钱”也有了货币、钱财的意思。上文中说到的“至秦废贝行钱”中的“钱”说的便是它。

熠熠生辉

yì yì shēng huī

释义

鲜明；光彩闪耀。

辨析

“熠熠生辉”和“煜煜生辉”容易混淆。“熠熠”是光耀、鲜明的意思。熠熠生辉：形容光彩闪耀的样子，用来形容虚物，比如阳光、形象。“煜煜”是明亮、炽盛的样子。煜煜生辉：用来形容实物的表象。

起源与演变

人们用“熠熠”来形容闪烁的样子，也用于“光彩熠熠”。阮籍《清思赋》中“色熠熠以流烂兮，纷杂错以葳蕤（wēi ruí）”，其中“流烂”是散布、遍布，“葳蕤”是草木茂盛、枝叶下垂的样子。意指阳光在茂盛的草木中闪烁，纷杂其间。生辉：产生光亮、光明，发光的意思。也用于“蓬荜生辉”。

例句

三个彩绿隶体字，熠熠生辉，成为我书房的一道风景线。

孙犁《我的金石美术图画书》

振聋发聩

zhèn lóng fā kuì

释义

发出很大的声音，使（先天）耳聋的人都能听见。比喻用语言文字唤醒糊涂麻木的人，使他们清醒过来。

辨析

“振”不要误写为“震”，这两个字音相同义相近，都有摇动、抖动的意思，有时可通用。然而，“震”多用于自然发生、不可控的情况下，用法较“实”，如地震、震惊等；“振”则多用于人为的、可控的情况下，用法较“虚”，如振兴、振作。在表示“奋起，兴起”之义时，只能用“振”，与“发”表达的是同一个意思。

起源与演变

《说文解字》中说解“聩”为“生而聋也”，本义为天生耳聋，后泛指耳聋，引申为不明事理，故有“昏聩”“愚聩”等词。

例句

然在革命初期总须得有一二壮烈的牺牲以振聋发聩，秋、徐二先烈在这一点上正充分完成了他们作为前驱者的任务。

郭沫若《今昔集·“娜拉”的答案》

捉(zhuō)襟(jīn)见(jiàn)肘(zhǒu)

【释义】

拉一下衣襟就露出胳膊肘，形容衣服破烂。也比喻困难重重，应付不过来。

【辨析】

“肘”字容易误写。“肘”是会意字，它是人身体的一部分，所以是肉月旁。“肘”的本义就是上下臂相接处可以弯曲的部位，即胳膊肘。

“肘”的古今词义变化不大。“肘腋之患”是指身边的祸患。“掣肘”是指拉住胳膊，比喻在旁边牵制和阻挠。和肘一样，形容人身体的词多用肉月旁，比如肩、胛、腋、胳、膊、腕、肱、臂等。

【起源与演变】

“襟”是形声字，左边是衣补旁，“襟”就是衣服胸前的部分。和“襟”一样，有一些以衣为部首的字，指代的就是衣服的某个部分。比如“袂”和“袖”是衣袖，“裾”是衣服的大襟，“衩”是衣服和裙子两边开口的地方，“裉”是衣服腋下前后相连的部分，“褶”是衣服折叠而形成的印痕。

与“襟”有关的词，有“襟友”“襟怀”“襟度”“连襟”。

【例 句】

平时所过的早就是捉襟见肘的生活，更那有什么余钱来做归国的路费呢？

郭沫若《学生时代·创造十年》

【字里字外】

曾参是春秋末期鲁国人，是孔子七十二贤弟子之一。曾参不苟同权贵，也不趋炎附势，是一位品格高尚、性情真率的先哲。“捉襟见肘”这个成语出自《庄子》，原文是“曾子居卫，温袍无表，颜色肿哙，手足胼胝，三日不举火，十年不制衣。正冠而缨绝，捉衿而肘见，纳履而踵决”，讲的就是曾参不愿做官而隐居卫国的故事。

曾参生活十分清贫，他穿着破烂的旧袍子，手和脚上都长满了老茧。曾参有时候一连三天都不开火做饭，十年里没有为自己置办过一件新衣服。他的帽子很破，一整理帽子，帽带子就被拉断了。他的衣服破旧得厉害，一拉衣襟，就露出了胳膊肘。他的鞋子也穿烂了，脚一蹬鞋，鞋后跟就撕裂开来。

在如此困苦的生活环境下，曾参却从不悲观，不忧愁。他经常穿着旧衣破鞋，高歌《商颂》，洪亮的声音回荡在天地之间。

曾参保持着高亮的气节，天子不能招他做臣子，诸侯不能与他结交朋友。庄子非常敬佩曾参的这种节操，所以评价道：注意培养心志的人会忘掉形体，注意养身的人会忘记利禄，而致力于大道的人会忘掉心机。

自惭形秽

zì cán xíng huì

释义

原来指的是因为自己的容貌举止不如别人而感到惭愧，后来泛指自己觉得不如别人而感到惭愧。

辨析

“惭”为羞愧之义，与内心有关，因此是竖心旁，不能误写为“渐”。

“秽”从禾，岁声。《说文解字》中将其解释为“芜也”，本义是荒废、长满杂草的样子。东晋陶渊明《归园田居》中有“晨兴理荒秽，带月荷锄归”的诗句，其中的“理荒秽”便是清理杂草。因此写“秽”字时注意不要丢掉禾字旁。

起源与演变

“形”是指形象、模样。“秽”从野草的杂乱引申出肮脏、丑陋的意思，用于“自惭形秽”“污秽”等词。白居易在《虾蟆》一诗中就描写蛤蟆为“形秽肌肉腥”，长得丑陋又很腥臭。

“自惭形秽”一词出自南朝宋刘义庆《世说新语·容止》：“珠玉在侧，觉我形秽。”

【例句】

他善于察言观色，羡慕而又忌恨那些高高在上的人，在这些人面前，他总是自惭形秽。

曹禺《日出》

【字里字外】

卫玠（jiè）字叔宝，是中国古代历史上赫赫有名的美男子。

据说他小时候就气质非凡，风神俊秀。每当他乘着羊车穿行于洛阳时，人们争相围观，称他为璧人，也就是像玉一样漂亮的人。

除了相貌俊美之外，卫玠也是当时著名的书法家和玄学家。他喜欢清谈，每每讲起玄学，说到精妙处，连当时的名士王澄也为之倾倒。于是，有“卫玠谈道，平子绝倒”的说法。平子指的就是王澄。

卫玠有一舅舅，是骠骑将军王武子，长得也是一表人才，风姿飒爽。但是他每次看到卫玠，总会不禁赞叹“珠玉在侧，觉我形秽”。意思是说身边的卫玠长得如此俊美，就像是圆润明亮的珠玉，让我不禁觉得自己的形象不好，相差甚远。

后来，卫玠从豫章去往建邺。慕名而来的人们蜂拥到大街上，争相围观，都想一睹美男子卫玠的风采。结果，好奇的人们将道路围得水泄不通，像密不透风的高墙。卫玠身体本就瘦弱，经受不住过度的劳累，回去之后就得病而亡，去世的时候还不到三十岁。于是，也有了“看杀卫玠”的说法。

光绪

guāng xù

释义

清德宗爱新觉罗·载湉（tián）的年号（1875—1908），也用来代指清德宗爱新觉罗·载湉。

辨析

爱新觉罗·载湉是清朝的倒数第二位皇帝，庙号德宗，年号光绪。四岁登基，在位期间大权一直由慈禧太后掌握。1898年，他开始实行“戊戌变法”，变法失败后被慈禧太后幽禁在中南海瀛台。1908年比慈禧太后早一日驾崩，享年三十八岁，葬于清西陵的崇陵。

起源与演变

年号是中国古代封建帝王用于纪年的专有名号。

年号一般用两字，也有用四字的，比如宋太宗赵匡义的年号为太平兴国。新君即位必须改变年号，称为“改元”。同一皇帝在位期间也可以改元，比如汉武帝曾改元为元光、元朔、元狩、元鼎、元封、太初等。明清两代的皇帝很少在在位期间改元，因此可以用年号来代指皇帝。

耄耋之年

mào dié zhī nián

释义

指的是八九十岁的高龄。

辨析

《礼记·曲礼》释“耄”为“八十九十曰耄”，《说文解字》将“耋”说解为“年八十曰耋。字亦作耋”，人们根据这样的解释，把耄耋两字连用代称八九十岁，表达高龄、高寿的意思，三国时期曹操有《对酒》诗：“人耄耋，皆得以寿终。”单独的“耄”字还有年老昏乱之义，如“耄乱”（谓年老昏乱的人）、“耄昏”（年老昏聩）、“耄聩”（年老糊涂）等。

起源与演变

中国古代对人的年龄有特别的称谓，男子20岁称弱冠，30岁称而立，40岁称不惑，50岁称知天命，60岁称花甲或耳顺，70岁称古稀，80岁称杖朝，80岁至90岁合称耄耋，100岁称期颐。女子12岁称金钗之年，13岁称豆蔻，15岁为及笄，16岁为碧玉年华，20岁为桃李年华，24岁为花信年华，女子出嫁为摽梅之年。

中国汉字听写大会
备考词趣味体验

《中国汉字听写大会》APP
扫一扫，听写大赛备考词

壹

步骤
bù zhòu
事情进行的程序。造句：有计划、有～地开展工作。

纳米
nà mǐ
长度单位，一纳米等于一百万分之一毫米。

潮汐
cháo xī
由于月亮和太阳的引力而产生的水位定时涨落的现象。

混凝土
hùn níng tǔ
一种建筑材料，用水泥、沙、石子和水按比例拌和而成，具有耐压、耐水、耐火、可塑性等性能。

珊瑚
shān hú
许多珊瑚虫的石灰质骨骼聚集而成的东西。形状像树枝，多为红色，也有白色或黑色的。可供玩赏，也用作装饰品。

畸形
jī xíng
生物体某部分发育不正常。泛指事物发展不正常，偏于某一方面。造句：我国产业地区分布的～状况正在改变。

蕴藏
yùn cáng
蓄积而未显露或未发掘。造句：大沙漠下面～着丰富的石油资源。

好莱坞
hǎo lái wù
地名。位于美国加利福尼亚州洛杉矶市郊区，是美国电影制作的中心和美国电影业的代名词。

汲取
jí qǔ
吸取。造句：～营养。

摄取
shè qǔ
吸收（营养等）。造句：～氧气。

贰

嘀咕
dí gu
小声说；私下里说。也表示猜疑；犹疑。造句：他看到这种异常的情形，心里直～。

清澈
qīng chè
清而透明。造句：湖水～见底。

吆喝
yāo he
大声喊叫（多指叫卖东西、赶牲口、呼唤等）。造句：你去～几个人来搬行李。

精湛
jīng zhàn
精深。造句：～的艺术。

憧憬
chōng jǐng
向往。造句：～着幸福的明天。

阀门
fá mén
管道或机器中调节和控制流体的流量、压力和流动方向的装置，种类很多，如气阀、水阀、油阀等。

惰性
duò xìng
某些物质化学性质不活泼，不易跟其他物质发生化学反应的性质。也指不想改变生活和工作习惯的倾向（多指消极落后的）。

侏儒
zhū rú
身材异常矮小的人，也形容个子矮小。古代权贵好以侏儒为倡优取乐，故也指侏儒中之充任优伶、乐师者。

彝族
yí zú
我国少数民族之一，主要分布在四川、云南、贵州和广西。

炽热
chì rè
极热。造句：～的阳光。

叁

内分泌
nèi fēn mì
人或高等动物体内有些腺或器官能分泌激素，不通过导管，由血液带到全身，从而调节有机体的生长、发育和生理机能。

别扭
biè niu
不顺心；难对付。或指说话、作文不通顺；不流畅。也有意见不相投的意思。造句：两个人有些~，说不到一块儿。

侗族
dòng zú
我国少数民族之一，分布在贵州、湖南和广西。

大鲵
dà ní
两栖动物，生活在山谷的溪水中，在我国多产在广西。叫的声音像婴儿，所以俗称娃娃鱼。

臀部
tún bù
四足动物后肢的上端和腰相连接的部位。各种动物身体后部无明显标志或界限的部分。

隔膜
gé mó
情意不相通，彼此不了解。造句：两人之间有些~。

瑶族
yáo zú
我国少数民族之一，分布在广西、湖南、云南、广东和贵州。

硅谷
guī gǔ
美国加利福尼亚州北部圣克拉拉谷的电子工业中心，因生产电子工业基本材料硅片及地处谷地而得名。

篝火
gōu huǒ
原指用笼子罩着的火，现借指在空旷处或野外架木柴、树枝燃烧的火堆。造句：营火会上燃起熊熊的~。

腼腆
miǎn tiǎn
害羞；不自然。

肆

突厥
tū jué
我国古代民族，游牧在阿尔泰山一带。6 世纪中叶开始强盛，7 世纪中叶先后被唐所灭。

田埂
tián gěng
田间的埂子，用来分界并蓄水。

撇开
piē kāi
放在一边；丢开不管。造句：先～次要问题不谈，只谈主要的两点。

糯米
nuò mǐ
糯稻碾出的米，可以做糕点，也可以酿酒。也叫江米。

蔷薇
qiáng wēi
植物名。落叶灌木。花白色或淡红色，有芳香，可供观赏。果实可以入药。也可单指这种植物的花。

矜持
jīn chí
拘谨；拘束。造句：他第一次上台发言，显得有点～。

攫取
jué qǔ
掠夺。

荟萃
huì cuì
（英俊的人物或精美的东西）会集；聚集。造句：人才～。

缝纫机
féng rèn jī
做针线活的机器，一般用脚蹬，也有用手摇或用电动机做动力的。

分蘖
fēn niè
稻、麦、甘蔗等植物发育的时候，在幼苗靠近土壤的部分生出分枝。有的地区叫发棵。

伍

切磋
qiē cuō
切磋琢磨。造句：~学问。

霓虹灯
ní hóng dēng
灯的一种，在真空玻璃管里充入氖或氩等惰性气体，两端安装电极，通电后发出红、蓝等颜色的光。多用做广告灯或信号灯。

慰藉
wèi jiè
〈书〉安慰。

侏罗纪
zhū luó jì
中生代的第二个纪。名称来源于阿尔卑斯山的侏罗山。始于 2.05 亿年前，延续约 7000 万年。脊椎动物以恐龙等巨大爬行类为主，这一时期形成的地层称为侏罗系。

衍生
yǎn shēng
较简单的化合物中的原子或原子团被其他原子或原子团置换而生成较复杂的化合物。也指演变发生；产生。

蒙太奇
méng tài qí
电影用语，有剪辑和组合的意思。它是电影导演的重要表现方法之一，为表现影片的主题思想，把许多镜头组织起来，使构成一部前后连贯、首尾完整的影片。

濒危
bīn wēi
接近危险的境地；病重将死。造句：病人~。

馄饨
hún tun
一种面食。用薄面片包馅做成。

蟑螂
zhāng láng
昆虫，身体扁平，黑褐色，能发出臭味。常咬坏衣物，污染食物，并能传染伤寒、霍乱等疾病，是害虫。种类很多。

溶洞
róng dòng
石灰岩被含有二氧化碳的流水所溶解而形成的天然洞穴。

陆

玄奘
xuán zàng
原名陈祎，唐代高僧，通称三藏法师，历尽千辛万苦，到达印度，带回经书 657 部，著有《大唐西域记》12 卷。

鸭绿江
yā lù jiāng
中朝界河。源出吉林省东南长白山主峰附近，向西南流，注入黄海。流域面积 61800 平方公里。冬季冰期约 4 个月。

牛犊
niú dú
小牛。也叫牛犊子。

愤懑
fèn mèn
气愤；抑郁不平。造句：～之情，溢于言表。

勾践
gōu jiàn
春秋时越王。后被吴王夫差打败，困于会稽，屈辱于吴。乃用文种、范蠡为相，卧薪尝胆，立志复仇。卒兴兵灭掉了吴国，成为春秋后期的霸主。

不啻
bú chì
不只是，或指如同。造句：工程所需，～万金。

扼要
è yào
抓住要点（多指发言或写文章）。造句：简明～。

藐视
miǎo shì
轻视；小看。造句：在战略上要～敌人，在战术上要重视敌人。

衣兜
yī dōu
衣服上的口袋。也叫衣袋。

黑黝黝
hēi yǒu yǒu
光线昏暗，看不清楚。造句：四周～的，没有一点儿光。

柒

横亘
héng gèn
（桥梁、山脉等）横跨；横卧。造句：大桥～在广阔的水面上。

阿弥陀佛
ē mí tuó fó
〈佛教〉指西方极乐世界中最大的佛，也译作无量寿佛或无量光佛。信佛的人用做口头诵念的佛号，表示祈祷或感谢神灵等意思。

绝缘体
jué yuán tǐ
极不容易传导热或电的物体，也叫非导体。如电的绝缘体有塑料、橡胶、玻璃，陶瓷等。

震慑
zhèn shè
震动使害怕。造句：～敌人。

雪茄
xuě jiā
用烟叶卷成的烟，形状较一般的香烟粗而长。

柔韧
róu rèn
柔软而有韧性。造句：他从小就练体操，身体～性很好。

斗笠
dǒu lì
遮阳光和雨的帽子，有很宽的边沿。多用于江南农村一带。

藤萝
téng luó
紫藤的通称。

棕榈
zōng lǘ
常绿乔木，茎呈圆柱形，没有分枝，叶子大，有长叶柄，掌状深裂，裂片呈披针形，花黄色，雌雄异株，核果长圆形。木材可以制器具。通称棕树。

描摹
miáo mó
照着底样写和画。也指用语言文字表现人或事物的形象、情状、特性等。造句：小说和戏剧常常用对话～一个人的性格。

捌

鄱阳湖
pó yáng hú
湖名，在江西。

掂量
diān liang
掂酌。造句：事情就是这些，各组回去～着办得了。

蜈蚣
wú gōng
节肢动物。体扁长。由许多环节构成，每个环节有足一对。第一对足有毒腺，能分泌毒液。捕食小昆虫。中医可入药。

天竺
tiān zhú
我国古代称印度。

憋闷
biē men
由于心里有疑团不能解除或其他原因而感到不舒畅。造句：他挨了一通训，又没处诉说，心里特别～。

冒昧
mào mèi
（言行）不顾地位、能力、场合是否适宜（多用做谦辞）。造句：～陈辞。

蓑衣
suō yī
用草或棕毛制成的、披在身上的防雨用具。

械斗
xiè dòu
手持棍棒等打群架。

侍奉
shì fèng
侍候奉养（长辈）。造句：～老人。

闽江
mǐn jiāng
水名，在福建。

脐带
qí dài
连接胚胎与胎盘的带状物，胚胎依靠脐带与母体联系，是胚胎吸取养料和排出废料的通道。

玖

一揽子
yì lǎn zi
对各种事物不加区别或不加选择的。造句：~计划（总的计划）。

逶迤
wēi yí
曲折绵延的样子。

噬菌体
shì jūn tǐ
微生物的一类，能溶解细菌。某一种噬菌体只能对相应的细菌起作用。

鞑靼
dá dá
古时汉族对北方各游牧民族的统称。明代指东蒙古人，住在今内蒙古和蒙古国的东部。

斡旋
wò xuán
调解。造句：从中~，解决两方争端。

麒麟
qí lín
传说中的一种动物，形状像鹿，头上有角，全身有鳞甲，有尾。古人拿它象征祥瑞。简称麟。

潼关
tóng guān
地名，在陕西。

加仑
jiā lún
英美制容量单位，英制 1 加仑等于 4.546 升，美制 1 加仑等于 3.785 升。

青稞
qīng kē
大麦的一种，粒大，皮薄。主要产在西藏、青海等地，可做糌粑，又可酿酒。

鲟鱼
xún yú
体近圆筒形，背部黄灰色，口小而尖，背部和腹部有大片硬鳞。生活在淡水中，有些入海越冬。产于我国的有中华鲟和达氏鲟。

碌碡
liù zhou
碾压用的农具。石制。用牲畜或人力牵引来压平田地、碾脱谷粒等。

拾

布施
bù shī
〈书〉把财物等施舍给人。

胳肢窝
gā zhi wō
腋窝。人体的上臂与胸壁连接的凹陷处。

麝香
shè xiāng
雄麝的肚脐和生殖器之间的腺囊的分泌物，可以制香料，也可入药。简称麝。

训诫
xùn jiè
一种最轻的刑罚，人民法院以国家的名义对犯罪者进行公开的批评教育。也指教导和告诫。造句：～部下。

淅淅沥沥
xī xī lì lì
象声词。雨声。

天籁
tiān lài
自然界的声音，如风声、鸟声、流水声等。

日喀则
rì kā zé
日喀则市地处西藏西南部、雅鲁藏布江及其主要支流年楚河的汇流处。

煤矸石
méi gān shí
与煤层共生的黑灰色岩石。较煤坚硬，但含碳量很低。燃用价值不高，可用作建筑材料、化工原料和提取稀有元素等。

第一届中国汉字听写大会参赛名单

参赛学校	参赛选手	指导老师
内蒙古自治区赤峰市第二中学	霍炜琦、张朔宁、孟祥睿、李响悦、陈昭元	王海霞、刘海民
湖南省广益实验中学	周烨薇、杨佳怡、邓伊晴、廖宇轩、张　喆	卜晓娟、李智敏
陕西长庆八中	李　纯、卢海鸥、喻世琦、刘冰倩、董孟婕	栗新洮、吴玉玲
云南民族中学	陈丽华、永珠拉姆、和燕凤、缤玛永宗、岩温坎	杨　林、何　敏、李　睿
新疆维吾尔自治区奎屯市第二中学	王亚霁、王亚雯、梁钊铭、高　瑞、马晓佳	焦海丽、陈剑兰、朱文峰
河南师范大学附属中学	张陶然、陈姝妍、陈敬润、安婧源、郝梦圆	周枫琳、张慧娟
贵州省贵阳市第七中学	李　丹、叶霜红、余　爽、祝嘉潞、孙　思	周　珊、舒　艳
浙江省杭州外国语学校	于加敏、陆佳蕾、刘浥尘、赵杉佳雯、钟天逸	苏云生、倪　江、许海萍
山西省实验中学	安元亨、马可心、闫子涵、骆瑞晨、范文琳	张梅松、岂润明
广东省惠州市第一中学	罗弋洋、戴明扬、庄立滔、杨烨绮、程维薇	廖海鳌、朱小兰
湖北省襄阳市第四中学	苏婧雅、张丁祺、张诺娅、钟佑宇、龚　颖	王正清、张宝玲
青海省西宁市虎台中学	刘宏浩、解　阳、郭翀宇、曹光玮、蔡瑜颖	陈江天、张娅琴

参赛学校	参赛选手	指导老师
福建省厦门市双十中学	王鑫喆、姜力玮、林昕彤、胡雅倩、周可欣	陈秀珍、李　爽
安徽省合肥市第五十中学	林若希、刘艺杨、汪昕怡、程志宇、沈沁源	张　妮、倪婉玉、宫少芳、李海涛
宁夏回族自治区银川唐徕回民中学	温　笛、樊婷月、沈如柳、张伊宁、王紫熙	王　彬、齐　霞
北京市第一零一中学	董心语、腰亦柔、孙兆程、王祎勍、高翌佳	王　梅、过　俊
北京市第八十中学港澳台学生代表队	周若琦、林沛澄、李　尤、尹子茜、庄博渊	孟　英、李　娟
山东省潍坊广文中学	魏若竹、邹嘉然、田子航、谭君倩、张瑜珺	王　莉、郭晓艳
西南大学附属中学	纪　旭、曹蜀阳、明　媚、陈乐濛、马书语	郑　艺、李海涛
上海市莘城学校	於梓翰、邱子桁、郝叶涵、袁卓清、邢铭劼	陈翠萍、匡兴媛
甘肃省白银市平川区种田中学	张　琼、任雪榕、王伟广、张晓斐、史彦荣	刘进珍、牛致虎
江西省赣县第二中学	黄雅芝、肖玉清、杨　健、刘妍杏、谭子玥	黄　彧、温世艳
天津市宝坻京津新城第二中学	高　萌、刘佳栋、金　营、王洁美、王春蕊	王玉娥、李　倩
东北师范大学附属中学	李思宁、宋佳麒、晏禹南、徐　畅、盖星玥	韩佩君、胡　欣

参赛学校	参赛选手	指导老师
河北省承德市平泉县回民中学	刁宇飞、丁宏远、于金冰、李　敏、杨丹丹	刘治礼、李建辉
辽宁省实验中学分校	蒋露镁、王　朝、李福淇、孙钰伟、叶润泽	张婷婷、刘介民
四川省内江市第二中学	魏邱敏、李官丽、王晓雨、赵　哲、何志宏	钟　宇、陈秀清
广西大学附属中学	王自然、廖乙霖、张心语、梁钰婷、赵立澳	李柯霖、张秀玲
黑龙江省大庆市靓湖学校	孙健涵、周禹涵、李　说、孙培泽、贾云淇	白　雪、刘海鹰、张桂贤
海南省海口市第一中学	林　箐、吴钟儒、陈　薇、王梁枫、李书宁	文瑞芳、黄文莉
拉萨市第四中学	李阳阳、马秀萍、高瑞隆、白玛措姆、丹增卓嘎	曹　韧、次仁群宗
江苏省南京外国语学校	李宇童、吴啸风、谭晓宸、万宇瑶、王笑奕	谢嗣极

第一届《中国汉字听写大会》冠军：

浙江省杭州外国语学校　陆佳蕾

第一届《中国汉字听写大会》最受观众喜爱选手第一名：

江苏省南京外国语学校　王笑奕

中国汉字听写大会赛事指南

总体描述

1. 节目历史

1.1 第一届《中国汉字听写大会》的历史

由实力文化创意制作的大型文化传承类电视节目《中国汉字听写大会》创办于 2013 年。中央电视台、国家语言工作委员会为共同主办方。第一届《中国汉字听写大会》于 2013 年 8 月 2 日在中央电视台科教频道晚间黄金时间首播第一期。从 8 月 23 日第四期起，改为中央电视台综合频道、科教频道晚 8 点共同首播。10 月 18 日播出总决赛。全季共播出 13 期节目。

全国有超过 6.7 亿不重复计算的观众收看过第一届《中国汉字听写大会》。总决赛全国平均收视率共计达 2.59%，在当周全国所有电视节目中排名第一。

中央电视台各个频道滚动播出《中国汉字听写大会》宣传片超过 3000 次。《新闻联播》对这个仅有 13 期的节目先后进行了 8 次报道。倾全台之力塑造了 2013 年暑期国家媒体担当文化传承责任的电视热点。

上百家各种类型的报纸、杂志对《中国汉字听写大会》进行了多达数百篇的大篇幅报道。这个名单包括《人民日报》《光明日报》《中国青年报》《China Daily》的专版报道，以及各地商业报刊的连续报道。在国际主流媒体方面，美国《华尔街日报》以亚洲版头条大篇幅报道了节目的决赛，英国《泰晤士报》、德国《世界报》均以专版形式对节目进行了深度报道。日本 NHK 进行了全球连线的直播报道。

节目的播出引起了网络关注的热潮。第一期节目在科教频道首播 40 分钟后，微博话题热议排行迅速超越《中国好声音》《快乐男声》登上榜首，点击率超过 18 万次。随着《中国汉字听写大会》持续播出，网友参与话题、留言、转发数量升到第十三期总决赛节目播出后的 292.7 万条。百度“中国汉字听写大会”相关搜索词条高达 973 万余条。

2013 年 10 月 23 日，中共中央政治局常委、中央书记处书记刘云山批示：“《中国汉字听写大会》受到社会热捧、得到观众赞誉，成为广受欢迎的电视节目，其意义和启示是多方面的。可从文化和传播等多个角度很好总结，以进一步寻找规律，不断改进创新，提升电视节目的品位和质量。在新媒体快速发展的当下，电视的传播作用和影响力仍不可小视，而办好电视功夫还是要下到办好节目上，而‘好节目’的标准还是要坚持导向第一、注重社会效益和社会影响力。这些，《中国汉字听写大会》都做到了。”

国务院副总理刘延东批示，要求教育部、国家语委认真总结推广《中国汉字听写大会》的创办经验，要对这一活动长期持续的举办进行体制化的设计。

国家语委主任、教育部副部长李卫红指出：由中央电视台和国家语委联合主办的《中国汉字听写大会》正在热播。这一大型汉字听写教育类电视节目甫一播出，反响强烈，激发了全社会关注汉字书写、传承中华文化的热情，宣传了汉字知识，受到社会各界好评。这是深入落实《语言文字规划纲要》、提高中小学生的汉字应用和书写能力的有效举措，也是一件功在当下、利在千秋的文化盛事。感谢中央电视台以及科教频道在策划、录制《中国汉字听写大会》节目中所付出的辛苦，在大力推广和规范使用国家通用语言文字方面做出的突出贡献。感谢并预祝《中国汉字听写大会》在传承文明、提高国民汉字书写能力中发挥更大的作用！

与同时段全国市场相比，《中国汉字听写大会》的观众结构中，高学历人群、中青年人群和城市观众比例明显高出，显示出节目在社会意见导向人群、高收入与高消费人群中拥有极高的传播影响力，充分显示其优异的广告市场价值。

在 2014 年度央视重点节目广告招标会上，第二届《中国汉字听写大会》总冠名权被诺亚舟优学派以 8618 万元购得。预计整体广告销售收入将超过 1.6 亿元。

1.2 第二届《中国汉字听写大会》概况

2013 年 11 月，教育部、国家语委向全国各省、自治区、直辖市及新疆生产建设兵团下发通知，要求各地认真组织学生广泛参与《中国汉字听写大会》的选拔活动。该通知得到了各地教育主管部门的积极响应。在大会主赞助商诺亚舟的积极推动下，全国初赛活动举办的场次超过 4700 场，近 3 万所中学、1200 万初中学生参加了体验活动。经过逐级选拔，最终由各省级优胜队进京参加全国总决赛。全国共有 22 家地方电视台对省级决赛进行了录制。

第二届《中国汉字听写大会》参赛代表队扩大到了 36 支。除 31 个省、自治区、直辖市和新疆生产建设兵团各有代表队外，香港、澳门和台湾地区变为独立组队参赛，来自 5 个国家的选手首次组成了国际联队参赛。总决赛选手数量增加至 180 名。

第二届《中国汉字听写大会》于 2014 年 7 月 13 日起在中央电视台综合频道晚 8 点首播。科教频道 7 月 18 日起晚 8 点重播。其中综合频道节目时长为 96 分钟，共 13 期，科教频道 106 分钟，共 14 期。10 月 5 日综合频道播出总决赛。

第二届《中国汉字听写大会》主办单位为中央电视台和国家语言文字工作委员会，协办单位为中国社会科学院语言研究所。由北京实力电传文化发展有限公司创意制作，并与中央电视台采用广告分成模式进行运营。

在 2013 年 11 月中央电视台 2014 年度重点节目广告招标会上，第二届《中国汉字听写大会》总冠名权被诺亚舟优学派以 8618 万元夺得。其后，承德露露以 4000 万元的价格成为大会的特约赞助商。

2. 宗旨及意义

2.1 习近平总书记的讲话

2014 年 1 月 1 日，《人民日报》刊载习近平总书记《建设社会主义文化强国，着力提高国家文化软实力》的讲话原文："在五千多年文明发展进程中，中华民族创造了博大精深的灿烂文化，要使中华民族最基本的文化基因与当代文化相适应、与现代社会相协调，以人们喜闻乐见、具有广泛参与性的方式推广开来，把跨越时空、超越国度、富有永恒魅力、具有当代价值的文化精神弘扬起来，把继承传统优秀文化又弘扬时代精神、立足本国又面向世界的当代中国文化创新成果传播出去。要系统梳理传统文化资源，让收藏在禁宫里的文物、陈列在广阔大地上的遗产、书写在古籍里的文字都活起来。"

2.2 大会宗旨的深化表达

第一届《中国汉字听写大会》以数字时代键盘书写日益普遍、手写汉字能力下降的现象为出发点，强调以"书写的文明传递，民族的未雨绸缪"为节目主旨，重在强化手写汉字在文化传承中的重要性。一年以来，随着社会主义核心价值观建设的进程，党和国家领导人对文化传承工作的意义做了多次指示,加上大量优秀的学者不断加入《中国汉字大会》节目的研发制作,《中国汉字听写大会》的兴办宗旨也在不断深化。

2.3 从对文字书写能力的强化转向对文字认知能力的提倡

我们今天倡导的核心价值观并不是今天才有的。它既是与当代文化相适应、与现代社会相协调的价值观,又是源自五千年中华民族最基本文化基因的价值观。这些文化基因存储在历代经典之中,而亲近这些典籍、传承文化基因,首先就需要认知书写在古籍里的文字。因此,带动广大观众更多认识文字、更多了解文字语义背后所包含的价值观,成为央视作为国家媒体担当传承责任的深层使命,成为《中国汉字听写大会》的深层使命。

2.4 让书写在古籍里的文字活起来

让书写在古籍里的文字活起来,这是今年《中国汉字听写大会》新的主旨表达。这个表达是有针对性的,因为之所以那些书写在古籍里的文字需要复活,是因为很多本该跨越时空、呈现出永恒魅力并可以为当代人使用的有价值的文字和语词被我们遗忘了,正处于被冰封着的冬眠状态。我们与母语传统之间曾经发生过一次漫长的疏离。这种疏离不仅降低了我们亲近历代经典的能力,也降低了汉语的表意能力和美感。我们的母语本不该是今天这个样子。

2.5 母语价值观的梳理与建设

“言之无文，行而不远”是《左传》里面的一句话，意思是文章没有文采，就不能流传很远。母语使用的这个标准对于今天的我们，似乎有些陌生了。很多年以来，我们习惯了以常用、简便为文字表达的主要价值取向，远离了那些书写在古籍里的文字，不用说文采，连语词的使用数量都在萎缩。这样下去，就会影响我们母语的品质，蕴藏在古老文化经典中的智慧和价值观就难以得到传承，我们民族的想象能力、思考能力也会受到影响。第二届《中国汉字听写大会》希望能够逐渐脱离强调手写汉字能力的表层动机，转向文字背后的语义，转向对汉语语词宽度的关注，转向对我们当下母语价值观的梳理与建设。

2.6 参赛选手将成为全民榜样

很多人习惯性地指责《中国汉字听写大会》考题难度高，所考词语冷僻。但对于参加节目的年仅十三四岁的孩子们来说，这些词语并不难。很多成人书写正确率接近于零的词语，孩子们写起来很轻松。一些成人觉得难，觉得陌生，只能说明这些成人的母语知识结构出了问题。选手们表现出的让成人世界惊异的语词掌握能力，为成人学习汉字、学习汉语做出了榜样。十年、二十年之后，当这一代孩子长大成人，他们是不会感到这样的考题有多难的。这是我们母语的希望，也是我们民族的希望。

每个省的代表队都是经过本省区多层级选拔最终进入全国决赛的，这些孩子不仅代表着本省的水平，也肩负着本省观众的期望。他们在《中国汉字听写大会》决赛中的表现，牵动着本地观众的心。我们将通过宣传推广，将这种牵挂转化为更多人学习汉字的热情，并累积形成更加强烈的参赛动员力，让汉字的薪火相传不断获得持续性的动力。

2.7 汉字书写能力与应试教育的差别

通过考试检验对学习内容的掌握程度，这是全球教育最普遍采用的方式。我们反对应试教育，但尊重考试这一让人类获得公平发展机会的伟大发明。实际上考试也是我们民族贡献给世界的文化遗产。所谓应试教育，是指以特定考试方式所进行的非知识化教学训练方式，是单纯为考取高分而实施的教育行为。《中国汉字听写大会》是对选手准确掌握汉字、语词的数量所进行的全面考验。这个考验涉及的宽度没有边界，只能靠阅读宽度和持续积累，应试教育的那一套划定范围、押题、突击狂背、套路性答案等等技巧全无用场。

2.8 关于汉字

汉字是上古时期世界上各大文字体系中唯一传承至今的表意文字，包含着丰富的文化内涵和审美意蕴，是我们民族祖先智慧的结晶，是中华文明最灿烂的瑰宝之一。在汉字博大精深的文化根基里，蕴藏着不可侵犯的民族尊严、崇高强大的民族意识和自强不息的创造智慧。汉字是世界上使用人数最多的文字，是在世界上影响最大的中国符号，是中国贡献于人类文明的第五大发明。

我们都知道，汉语有百里不同音之说，各地方言发音差别极大，构成无障碍交流的元素是汉字。汉字对维护国家统一、促进各民族和谐生存起到重要作用。汉字古今同用，是记载几千年以来历代中国精神、文化成果的载体，认识汉字，能够让我们进入所有中国的经典，承担中国文化传承与创新的使命。所以，掌握汉字，提高全民汉字认读、理解和书写水平，体现着中国梦的核心价值。

2.9 关于书写

但汉字又是世界上最难书写的文字。独特的方块字形需要不断记忆，反复练习才能形成书写能力。现在，越来越多的人依靠键盘等输入工具书写，减少了手写汉字的机会，正确书写汉字的能力逐渐下降。如果未来几代人汉字书写能力持续普遍下降，文明传承的品质就会形成缺损。

赛程描述及竞赛规则

第二届《中国汉字听写大会》由各省、自治区、直辖市分别举办多层级初赛，中央电视台、国家语言文字工作委员会集中举办全国复赛、半决赛、决赛。第二届《中国汉字听写大会》共计形成 14 期电视节目，每期净节目时长 96 分钟。在中央电视台第一套综合频道、第十套科教频道暑期周末黄金时间播出。

1. 多层级初赛

1.1 赛程描述

多层级初赛以省、自治区、直辖市划分赛区。各省、自治区、直辖市的初赛组织者为省教育厅（局）、语委。

在国家语委、教育部语言文字应用管理司的统一要求下，各省、自治区、直辖市教育厅（局）、语委分别制定适用于本省实际的初赛组织方案，并组织落实本省活动的展开。在广泛开展学校汉字书写活动的基础上，可以在不增加学生负担的情况下采取适当方式选拔。参加选拔的省份可以通过县、市、省级逐级选拔的方式产生，也可以指定队伍参加。由于各省可能采用的竞赛组织方式不同，这一竞赛层级的设定也会有所不同。各地学校应以本省、自治区、直辖市的具体竞赛方案为依据组织参与。

各地市的初赛组织者为本地市教育行政管理部门。各地市按照省、自治区、直辖市教育厅（局）、语委的要求，分别制定方案、组织实施。

各区县初赛的组织者为本区县教育行政管理部门。各区县按照地市教育领导部门的要求，分别制定方案、组织实施本地竞赛活动。

各地教育行政管理部门和学校要充分认识《中国汉字听写大会》参赛队伍选拔工作对提高青少年语言文字应用能力、弘扬优秀传统文化、促进素质教育全面实施的重要意义。选拔活动要与学校教育教学有机融合、相互促进。要通过选拔活动进一步调动教师的教学积极性，进一步促进中小学规范汉字书写水平的提高。

初赛最基层的竞赛组织单位为各类全日制中学。所有 1999 年 9 月 1 日以后出生的初中二年级以及符合年龄条件的初一年级在校学生，均有资格参加校内竞赛。校内竞赛前六名的选手（其中一名为候补选手）组成学校代表队，集体参加上一级别的比赛。

各学校代表队参加区县级竞赛。区县级竞赛的优胜队参加地市级竞赛。地市级竞赛的优胜队参加省级竞赛。省级竞赛前四名的学校代表队参加省级决赛。胜出者代表本省、自治区、直辖市参加全国竞赛。进入全国复赛的各地代表队仍以单一学校代表队组成。

节目通过全国省级预赛，产生全国 31 个省、自治区、直辖市和新疆生产建设兵团共 32 支进入全国决赛的队伍。

节目专门为在内地受教育的港、澳、台籍及外籍学生统一举办集中选拔赛，组成中国香港代表队、中国澳门代表队、中国台湾代表队及国际学生联队，参加全国决赛。

参加第二届《中国汉字听写大会》的代表队共 36 支，每队 5 人，共 180 位。比起第一届 32 支代表队 160 位选手，本届《中国汉字听写大会》在规模上有所扩大。

1.2 初赛学校的注册手续及注意事项

各类全日制初级中学均有资格成为《中国汉字听写大会》的组织单位。举办学校需要事先阅读本参赛指南并同意遵守相关约定，并提供本学校参赛组织负责人姓名、电子邮箱地址。

举办学校应尽可能广泛地组织学生参加《中国汉字听写大会》的初赛活动，并应将这一活动的组织视作全面加强下一代汉字书写能力教育的课外普及性体验活动，尽可能组织全部适龄学生参加，以达到大力推广和普及国家通用语言文字，切实提高中小学生乃至全民的汉字书写能力的目的。

各校组织工作应确保选拔活动不影响学校的正常教育教学。赛前培训应在学生自愿且不影响正常学习的前提下开展。严禁停课培训。严禁有损学生健康的高强度集训。严禁超龄学生（少数民族学生、贫困学生、外籍学生经批准适当放宽)、跨校组队参与活动（民族自治区为落实民族选手参赛要求，可经申请后允许一名少数民族学生跨校组队)。严禁向学生收取任何费用。严禁推销相关资料。

1.3 初赛的宣传

大会欢迎各地媒体对各级竞赛进行各种形式的新闻报道。

1.4 初赛的竞赛方式、命题和评判

各级赛事可以采用统一听写、按正确率排名胜出的竞赛样式，也可以采用《中国汉字听写大会》决赛阶段竞赛样式，也可以采用任何符合本地特点的创新样式进行选拔。

无论采取何种竞赛样式，省级决赛阶段的比赛，参赛队数量必须达到 4 所以上不同学校代表队并同场竞技。

竞赛用题由各级组织单位根据本指南命题范围提示自主命题。学校内的竞赛方式、省级以下各级选拔赛以及省级决赛的形式由各主办单位自行选定。各级别初赛由组织者自主判卷或评判书写结果。各地省级决赛时，中央电视台、国家语言文字工作委员会将联合派出小组在现场进行观察及拍摄。

1.5 竞赛规则

《中国汉字听写大会》不仅仅是一档电视节目，更是一项传承中华文明的大规模实践活动。所有适龄学生的参加，其意义不仅是竞赛，更是让最广泛的适龄学生能有一次亲近母语、认知汉字、热爱汉字书写的体验、实践机会。各地学校在组织中要重视参与这项活动的学生规模，不应将其办成只有少数“尖子生”参与的单纯竞赛，不得以任何理由拒绝任何适龄学生的参与要求。

《中国汉字听写大会》是一项长期举办的汉字书写赛事，客观上也是展示各省、自治区、直辖市语文教学、汉字书写教学成果的舞台。公平、公正的声誉是这一活动最重要的品质。任何有失公平的行为都是对这一活动声誉的伤害。大会要求各级举办者必须尽最大努力保证竞赛形式、竞赛内容、竞赛结果的公平。校内初赛可以举办多轮、多次，以便选拔出成绩最稳定的优胜者。

无论采取何种赛制，最终必须是公开竞赛的优胜选手才能代表本省、自治区、直辖市参加全国竞赛。各级组织者不得以任何理由人为安排、调换非竞赛获胜选手、代表队进入上一级比赛。省级决赛由中央电视台、国家语言文字工作委员会派出现场观察组。决赛现场的结果将被确认、封存，包括队员人选在内的所有信息均不得更改。

2. 复赛、半决赛、决赛

2.1 费用

复赛、半决赛、决赛集中在《中国汉字听写大会》决赛举办地举办。

参赛代表队选手及指导教师抵达举办地的交通以及在举办地的食宿费用由大会支付，各代表队无须缴纳任何费用。

2.2 赛程描述

复赛是全国决赛的第一阶段，共进行 9 场比赛，形成 9 期播出节目。36 支代表队将按地区及到达竞赛地后进行的统一测试成绩交叉编组。每个复赛组 4 支代表队。每场复赛优胜队所有队员均获得进入半决赛比赛的资格。

复赛中成绩最优秀的队不再参加半决赛，直接进入决赛。这个结果并不会在任何一场复赛的现场宣布，而是在所有复赛全部进行完毕之后，按照各个进入下一阶段比赛队的复赛表现确定。衡量复赛表现是否为最优秀，硬性指标有获胜时该队剩余的人数、该场该队正确书写词语的总量、各自离场队员轮次以及队员的年龄。

半决赛是全国决赛的第二阶段，共进行 2 场，形成 2 期节目。除去直接进入总决赛的复赛最优队，剩下的 8 支复赛获胜的代表队按赛程顺序以前 4 场、后 4 场上下区编组。每个半决赛组 4 支代表队。每场半决赛优胜队所有队员均获得晋级参加总决赛的资格。

33 位优秀选手个人赛，形成 2 期节目。未进入决赛的 33 支代表队，每队参赛个人累计表现第一名的选手进入最佳个人晋级赛。最终获胜的 5 人获得进入总决赛的资格。

总决赛由 20 位顶尖级选手对决，形成 1 期节目。最终获胜的个人即为第二届《中国汉字听写大会》的全国冠军。

2.3 复赛、半决赛和决赛的竞赛规则

进入全国复赛的各省、自治区、直辖市代表队均以单一学校代表队为参赛单位。各队自主确定本队队员的出场顺序。本队出场顺序由各代表队领队在赛前提交，单场竞赛过程中不得更改变动。各队按固定的上场顺序轮番派一名选手登场。复赛、半决赛中每个单场比赛均有 4 支以上代表队参加。复赛分为 8 组，各队按大区分组抽签确定所在分组。

各代表队按照所在省份名称第一个字的汉语拼音顺序获得总编号区间。每个代表队获得 5 个连续的编号，每个队员拥有一个不可变动的固定编号。选手的资料、现场的提示均将使用这个编号。代表队指导教师、选手家长也将使用与选手对应的方式编号。

每位选手的竞赛方式如下所述。

2.3.1 选手候场

比赛开始前 10 分钟，所有参加本场比赛的选手均在舞台上自己的座位候场。处于候场位置的选手应在比赛全程保持专注的状态，因为每个候场选手在场上全程都是竞赛有机的构成部分，其表情和动作随时都有可能被捕捉拍摄。

2.3.2 上场及听题

座位方阵按照各队抽签的结果顺序排列。每轮竞赛各队轮流派出一名队员上场比赛。每队自定队员出场顺序。比赛现场有下一位上场队员号码提示装置。每次只有一位选手走到主竞赛区进行答题。选手应现场主考官的邀请，从自己的座位起身，行进至舞台前方中央的竞赛书写台站定。主考官会读出考题词语、基本释义及例句。

2.3.3 可以要求解释

选手可以要求考官或裁判给出更加详细的释义。考官、裁判可以主动提供上述信息，也可根据具体考题的情况，选择不向选手提供更多信息。选手未听清题目，可以要求主考官再读一遍，但不可以此方法拖延思考时间。

2.3.4 计时

考官宣读考题词语，提供基本释义、例句之后，确定不再有疑问，则主考官宣布可以答题。答题时间根据题目字数多少、难易程度会有不同。当选手出现较长时间停顿时，现场会开始倒计时。倒计时开始后，每位选手有 30 秒时间书写答案。选手可以看到自己面前的屏幕上出现的计时进程标记。最后 10 秒，选手可以听到明显的计时音，计时标记变为红色。

计时开始后选手再有任何问题提出，计时也不会中断。计时终止有终止音。计时终止的同时选手答题书写板即被锁定，超出计时范围的书写将无法在书写板上留下痕迹，也不计入比赛成绩。

2.3.5 书写和确认

选手必须用规范汉字字体工整书写。在时间允许的范围内，选手可以涂改、重写。大会提倡选手以正确的笔顺书写。但书写的笔顺并不向裁判显示，也不影响最终裁判对书写结果的判定。

对字迹不清、细节含混的字形，或书写异体字、繁体字的情况，裁判可以要求选手重写这个字。选手重新书写的，裁判依据重新书写的结果裁定。

书写板上设有确认键。选手完成书写过程，可自主确认。选手按确认键后会出现确认音效。选手未确认但限定时间已到时，则自动默认为确认。主考官在确认状态出现后，即可提请裁判裁定正误。

2.3.6 裁判裁定 / 考官宣布结果

选手的书写结果会在 3 位裁判面前的屏幕和现场大屏幕上显示。由于手写汉字存在字形差异，具有一定的裁量宽度，大量尚在使用的异体字也会使考题产生非唯一答案，所以是否正确的判断由 3 位裁判分别给出。

3 位裁判分别给出裁定结果。有两位及两位以上裁判亮灯，则为选手书写正确。少于两位裁判亮灯则为书写错误。

第二届《中国汉字听写大会》增设警告黄牌制度。当选手书写已经停用的异体字时，裁判将要求其重新书写。重新书写仍为已停用异体字的，裁判会依据停用生效的时间分别判定。早已明确停用的会判定为错误书写，处于停用过渡期的给予提示但判定书写正确，处于两者之间的，裁判会在判定书写正确的基础上给予黄牌警告。当选手的书写出现字迹潦草、笔画不规范但又不足以判错的情况，裁判会给予黄牌警告。同一位选手，在一场比赛中累计得到两张黄牌，则会同时得到一张红牌。与书写错误的选手一样，得到红牌的选手需要立即离开竞赛舞台。

主考官根据裁判裁定宣布结果。在主考官宣布裁定结果的同时，现场大屏幕会显示正确的标准答案。

2.3.7 回到座位

书写结果正确的选手立即返回自己的座位，等待下一次出场。

2.3.8 失败离场

书写错误或超时未提交书写结果的选手、得到红牌的选手，在主考官宣布“书写错误 / 累计两次警告”的同时离开主竞赛台，并按照排练要求路线迅速离开舞台。

2.3.9 赛点及特别规则

在复赛、半决赛中，当台上只剩下两支队伍，而其中一支队伍又只剩下一位选手的时候，即为本场赛点，此时需要按照以下规则进行比赛。

仅剩一位为先手的情况：

如果仅剩一位选手的队为先手，当先手队选手书写正确，后手队选手书写错误的时候，书写错误选手离场，本场比赛继续。后手队需要再次派出一位选手出赛。如果后手队剩余选手全部书写错误，则先手队获胜。如果后手队剩余选手中有一位书写正确，则先手队剩余队员需要再次上场书写。

如果仅剩一位选手的队为先手，当先手队选手书写错误，后手队选手书写也错误的时候，书写错误选手进入候场位置，本场比赛继续。后手队剩余选手需要按顺序继续本场比赛，直到有选手书写正确，则本场比赛结束。如果后手队剩下的选手全部书写错误，则连同先手队最后队员一起，本轮全部选手重新按原顺序进行比赛。

仅剩一位为后手的情况：

如果仅剩一位选手的队为后手，当先手队选手书写正确，后手队选手书写错误的时候，本场比赛结束。

如果仅剩一位选手的队为后手，当先手队选手书写错误，后手队选手书写正确的时候，本场比赛继续。先手队书写错误的队员离场。

如果仅剩一位选手的队为后手，当先手队选手书写错误，后手队选手书写也错误的时候，则先手队剩余选手需要按顺序继续本场比赛，直到有选手书写正确，则本场比赛结束。如果先手队剩下的选手全部书写错误，则连同后手队最后队员一起，本轮全部选手重新按原顺序进行比赛。

2.3.10 本场获胜

直到其中 3 个队的全部队员均被淘汰，则有剩余队员在场上并且在最后一轮书写正确的队获胜。获胜队全部 5 名队员均获得进入下一轮比赛的资格。

2.4 最佳个人晋级赛、决赛竞赛赛点的竞赛规则

进入最佳个人晋级赛和决赛的参赛选手全部以个人身份参赛。出场顺序由抽签决定。选手按抽签顺序依次上场。

选手候场、出场竞赛的方法与复赛相同。书写正确的选手留在场上，书写错误的离开。最佳个人晋级赛由 33 位选手参加，争夺 5 个晋级总决赛的名额。当场上同一轮次中正确书写的选手人数为 5 人或不足 5 人时进入赛点。如果刚好是 5 人，则本场比赛结束。如果不足 5 人，则书写正确的选手直接进入决赛，该轮所有书写错误的选手重新进入比赛，争夺剩余的决赛名额。

在决赛中，当一轮全部选手书写完成，仅有一位选手书写正确，则该选手成为冠军。如全部书写错误，则该轮全部选手重新按原顺序进行比赛，直到至少一位选手书写正确。先手书写完成的全部选手将被安排在指定位置候场。

当最后一位选手上场，其书写结果将可能结束比赛时，大屏幕会提示赛点出现。

如果参赛者拒绝上场或书写不工整时，可能会被要求离场。

如果参赛者资格不符或有严重不文明行为，将被取消比赛资格。其已经取得的个人名次由下一名选手递补。

2.5 选手监护人

单场参赛队的领队教师将全程在第三现场观看比赛，并随时向采访主持人提供对参赛选手的介绍、赛程实时情况的分析。

家长将全程在第三现场观看比赛。家长胸前挂有与对应选手相同的编号牌。在节目组安排的位置就座，以便节目组导演、摄像师辨认、拍摄。家长在自己的孩子登场比赛时，可能被现场主持人、导演采访。

与选手及参赛组队校有关的规则

所有 1999 年 9 月 1 日以后出生的初中二年级及以下的在校中学生均有资格参加本届比赛。所有将获得正式参赛资格的选手及法定监护人必须签署大会正式提供的《中国汉字听写大会参赛选手承诺函》。

未签署承诺函的视为自动放弃参赛资格。其参赛资格按初赛成绩递补。

大会特别鼓励来自边远农村的孩子、少数民族孩子以及残障孩子参加竞赛。只要在初中二年级就读，可适当放宽年龄、综合成绩等项限制。大会将为身体残障的参赛者提供帮助。除了在竞赛规则上公平对待外，将针对残障孩子设计特殊的竞赛方式。

新疆、西藏、内蒙古、广西、宁夏 5 个民族自治区，至少要保证 1 名队员为当地主要少数民族选手。单一学校挑选民族选手有困难时，允许跨校组队参赛。对外籍学生，大会适当放宽参赛条件的限制。

《中国汉字听写大会》为国家级文化普及活动而非商业赛事，大会不因参赛向学校和选手收取任何费用，也不因参赛向学校和选手支付费用，不设现金奖励。各代表队 5 名参赛队员和 2 名领队教师的往来交通差旅费用及在决赛地交通食宿费用、短期综合保险费用由大会统一承担。大会鼓励参赛选手家长自费观赛。

组织校队时应对进入组队名单学生的参赛资格再次进行确认。重点审查的项目为出生日期和是否有任意学科不合格成绩。组队参赛的学校应确保所有参赛学生的参赛资格真实准确。

获得本省、自治区、直辖市优胜的学校需要与大会签署统一的《中国汉字听写大会参赛学校组队承诺函》，并组织选手及监护人签署《中国汉字听写大会参赛选手承诺函》。这两份法律文件仅对进入全国总决赛的学校和选手有约束力，只有签署了承诺函的学校、选手才能成为进入全国总决赛的正式选手。不同意签署这些文件的则不能参加决赛阶段的比赛，但并不影响其参加省级以下竞赛体验活动以及所取得的成绩。

各校可在《中国汉字听写大会》官方网站下载《参赛选手承诺函》。经确认符合资格的队员，由学校组织填写承诺函。承诺函需要有学生家长或监护人签字并由学校统一回收保管。抵达决赛地后，分组责任导演需要与校方负责人联系，取得并带回所有承诺函原件及相关证件材料的复印件，核实承诺函的签署，并将承诺函原件带回。

无论是哪个级别的选拔，都有可能需要积极配合协助中央电视台节目组的前期拍摄。《中国汉字听写大会》会在全国范围有选择地进行多次推广体验活动。被选定的学校有义务承担、协助或积极组织参与这些推广活动。

参与全部赛程的选手最长需要占用10天时间。请各学校事先安排好选手请假、预习或补习课程的工作。

各学校代表队随行的备选队员可以与带队教师一起在第三现场观看比赛。大会参赛证明及各种纪念品也会同样发给备选队员。但备选队员的往返交通、在京食宿需要学校自理。

关于《中国汉字听写大会》节目著作权问题的严正声明

一、北京实力电传文化发展有限公司享有《中国汉字听写大会》节目相关著作权，且已经将《中国汉字听写大会》LOGO以及“中国汉字听写大会”“汉字听写”注册为商标。

二、接力出版社有限公司已取得北京实力电传文化发展有限公司的正式授权，独家拥有在中国大陆地区出版发行“中国汉字听写大会”系列图书简体中文版的权利，并于2014年8月推出首批经独家授权出版的“中国汉字听写大会·我的趣味汉字世界”系列图书，后续图书也将陆续上市。

三、任何未经授权，以“中国汉字听写大会”的名义出版发行图书的单位，均涉嫌侵犯北京实力电传文化发展有限公司和接力出版社有限公司的合法权利。任何出版单位未经授权，在出版图书中直接使用《中国汉字听写大会》LOGO、篡改《中国汉字听写大会》LOGO、使用“中国汉字听写大会”或“汉字听写”字样的行为，均涉嫌侵犯北京实力电传文化发展有限公司和接力出版社有限公司的合法权利。

四、任何组织或个人未经授权，直接使用《中国汉字听写大会》LOGO、篡改《中国汉字听写大会》LOGO，或者以“中国汉字听写大会”“汉字听写”为旗号进行商业宣传或进行营销活动的行为，均涉嫌侵犯北京实力电传文化发展有限公司和接力出版社有限公司的合法权利。

五、凡在商业宣传与营销中涉及侵权的单位或个人，请立即停止侵权行为；凡出版发行、销售以上图书的单位及个人，请立即停止出版发行、销售的侵权行为。如有继续侵权者，或继续违法出版发行、销售者，北京实力电传文化发展有限公司与接力出版社有限公司将对其侵权的法律责任追究到底，并保留追索经济损失赔偿的权利。

法律事宜联系人：010-65545439　胡老师

010-53704001　宁老师

《中国汉字听写大会》节目组

北京实力电传文化发展有限公司

接力出版社有限公司